Finanza decentralizzata 2022-2023

Strategie di trading e investimento per principianti in criptovalute e NFT

Edizione 3.0

Casa editrice Defi

&

Edizioni Stellar Moon

Dichiarazione di non responsabilità

Approfittare del mercato orso?

Il mercato orso è spesso visto come un periodo negativo, in cui gli investitori vedono per lo più evaporare i loro investimenti. La maggior parte delle persone acquista nei momenti di maggiore euforia, che a posteriori sono spesso i momenti meno positivi. Proprio per questo il mercato orso è interessante. L'euforia non c'è più, ma le opportunità ci sono ancora!

In questo periodo avete la possibilità di investire in modo relativamente economico e di dedicare tempo ed energie a sviluppi interessanti, di cui la maggior parte delle persone non si occupa in quel momento. In questo capitolo scoprirete tutto ciò che riguarda il mercato orso, in cui vi porterò con me diversi consigli, in modo che durante un mercato orso possiate trarre il massimo vantaggio da questo periodo difficile!

Che cos'è un mercato orso?
Nei mercati tradizionali, si parla di mercato orso quando si verifica un calo del 20%. Gli investitori esperti in criptovalute ridono di queste percentuali, che a volte si verificano quotidianamente sul mercato delle criptovalute. Un calo del 20% non preoccupa nemmeno molti investitori in criptovalute, mentre il mercato azionario, ad esempio, griderebbe al delitto.

Questo rende difficile dare una risposta univoca alla domanda. In ogni caso, si può parlare di mercato orso quando i prezzi hanno una tendenza al ribasso per un periodo di tempo prolungato e la fiducia nel mercato è molto bassa. Questo pessimismo è causato dal calo dei prezzi e dalla durata del mercato orso. In generale, la maggior parte degli investitori è pessimista sul futuro delle criptovalute, quindi in questo caso è ribassista.

Sentimento durante un mercato orso
Un mercato orso non è il periodo più euforico della vita. Lo si può vedere chiaramente nel sentiment di cryptoland, dove molti investitori si stanno ritirando o si esprimono negativamente attraverso i social media. La paura cresce tra gli investitori e sempre più persone si chiedono se il mercato si riprenderà. Per paura, molti investitori stanno uscendo dal mercato, preferendo vendere le loro criptovalute con la perdita attuale piuttosto che mantenere l'investimento.

Per trarre vantaggio dal sentiment, è utile annotare da qualche parte le proprie emozioni. Questo vale sia per i periodi più rialzisti che per quelli più ribassisti. Se in seguito vi troverete in una situazione simile o riconoscerete sentimenti simili, potrete riflettere sulla base dei vostri precedenti tremori. Ad esempio, avete una grande paura dopo la capitolazione del prezzo del Bitcoin? È già successo molte volte in passato, quindi potete mettere meglio in prospettiva le emozioni e il prezzo.

Con questi consigli supererete con successo il mercato orso!

Durante il mercato orso è molto facile concentrarsi su qualcos'altro. In questo periodo ci sono molte attività avventurose, entusiasmanti o eccitanti. Il mercato delle criptovalute, dove i prezzi scendono e l'umore di molti investitori si abbassa altrettanto, è il momento in cui la maggior parte delle persone ama trascorrere il proprio tempo.

Per essere sicuri di riuscire a mantenere il controllo in questo periodo, abbiamo 7 consigli che possono aiutarvi a mantenere la concentrazione in questo periodo. Utilizzando diverse strategie di investimento, potrete scoprire quale strategia è adatta a voi e come applicarla!

1. Fare un piano

I seguenti consigli contengono attività specifiche che vi aiuteranno a massimizzare i vostri profitti durante un mercato orso. Ma il più importante è questo consiglio: assicuratevi di lavorare sempre con un piano. In questo modo le vostre attività saranno misurabili e sarete in grado di vedere i vostri progressi e anche dove potreste sbagliare. Inoltre, si evita anche la FOMO, perché il piano serve da guida.

Nel vostro piano, è importante spiegare dettagliatamente come investirete e cosa farete con i rendimenti. Nel farlo, è importante anche pensare all'orizzonte temporale. Un piano è utile sia a breve che a lungo termine, ma in questo caso è importante anche un obiettivo. In definitiva, ogni investitore ha un motivo che lo ha spinto a iniziare a investire.

2. Fermare le monete

Può capitare di aver perso l'occasione durante una precedente corsa al rialzo e di non essere riusciti a vendere le proprie monete in tempo per ottenere un profitto. Quando poi il prezzo subisce un forte calo, il vostro investimento è sommerso. A breve termine, le possibilità di realizzare un profitto su queste monete sono scarse, ma è possibile utilizzarle per ampliare il proprio portafoglio. Interrompendo le vostre monete vi assicurate di ricevere più criptovalute come ricompensa. Soprattutto per le criptovalute meno rischiose, come il Bitcoin e la maggior parte delle monete stabili, questo può essere un modo relativamente sicuro per espandere il vostro portafoglio.

Un'altra situazione in cui il crypto staking è utile è se si decide di investire a lungo termine. Se avete acquistato le vostre monete e avete deciso di tenerle per un periodo di tempo più lungo, allora lo staking delle vostre monete è un'opzione interessante. Questo vi permette di aumentare il vostro portafoglio, in modo simile al risparmio sul conto di risparmio. Si blocca l'investimento e si riceve una commissione per questo. Tuttavia, le percentuali in cripto sono molto più alte! Mentre la banca dà solo lo 0,1% di interessi sui risparmi, con le criptovalute si può raggiungere facilmente il 10% come ricompensa.

3. Guadagnare con gli NFT in diversi modi!

Inoltre, con gli NFT potete iniziare a guadagnare in diversi modi. Potete farlo acquistando e poi possedendo NFT, che vi faranno guadagnare monete se li possedete. Un esempio è la collezione CyberKongz, dove i possessori di NFT ricevono 10 BANANA al giorno. In questo modo è possibile creare un reddito passivo attraverso gli NFT. Inoltre, la cessazione degli NFT è un'opzione per guadagnare online con gettoni non fungibili.

L'impilamento dei NFT è un modo relativamente nuovo di mettere al lavoro i vostri token unici L'impilamento dei NFT significa che collegate i vostri token non fungibili a una piattaforma o a un protocollo. In cambio di questa azione, si ricevono ricompense per lo strike. In questo modo, potete guadagnare di più pur rimanendo proprietari del NFT.

Si può paragonare questo metodo di scommessa all'agricoltura dei rendimenti, in cui le criptovalute vengono prestate o distribuite ai fornitori di liquidità al fine di ottenere ricompense tramite interessi o commissioni di transazione. Questo modo di guadagnare interessi è simile a quello di una banca, ma in questo caso non è coinvolto alcun intermediario. Lo sciopero NFT appartiene al mondo finanziario decentralizzato, mentre una banca è centralizzata.

4. Investire nel gioco Play-to-Earn.

7

Questo suggerimento è forse il modo più divertente per prepararsi a tempi migliori per le criptovalute! Attraverso il gioco Play-to-Earn (P2E), potete offrire un po' di intrattenimento e nel frattempo guadagnare cripto e NFT. In questo modo, vi assicurate immediatamente che un mercato ribassista non debba essere noioso! L'interesse per le criptovalute diminuisce durante un mercato ribassista e ciò vale anche per questi giochi. Ecco perché è utile costruire un portafoglio di giochi in questo periodo.

Investendo nel gioco giusto, che dopo un'adeguata ricerca si prevede possa prosperare durante un mercato rialzista, si può iniziare a giocare ai giochi P2E. Nella vostra ricerca, includete il modo in cui il team comunica, se le scadenze vengono rispettate, quali opzioni offre il gioco e su quale blockchain è costruito.

La blockchain può essere importante in relazione all'adozione. Tuttavia, ci sono anche giochi molto noti che non sono costruiti su Ethereum, ad esempio. Ne è un esempio DeFi Kingdoms, costruito sulla blockchain Harmony, ma incredibilmente popolare tra i giocatori!

I giochi P2E possono spesso essere giocati gratuitamente, ma il modo più redditizio è spesso quello di acquistare NFT e impiegarli. Per alcuni giochi questa operazione è obbligatoria, ed è chiamata NFT-to-earn. Indipendentemente dalla vostra strategia con i giochi crittografici, su qualsiasi blockchain potete trovare giochi interessanti. Da Crabada su Avalanche ad Aavegotchi su Polygon!

5. Media del costo del dollaro (DCA).
Un metodo comune per investire nella tecnologia blockchain è il Dollar Cost Average (metodo DCA). Il Dollar Cost Averaging è considerato una strategia utile da molti investitori, compresi molti investitori in criptovalute. Oltre alle criptovalute, questo metodo di investimento è molto utile anche per altri mercati, come quello azionario, obbligazionario e delle materie prime.

La caratteristica del DCA è che un investitore investirà in un momento fisso per un certo importo. Inoltre, l'investitore deve stabilire in quale investimento o in quale moneta investire. Stabilendo un piano prima di investire, ci si assicura che le proprie emozioni non influenzino l'investimento. Questo può essere molto difficile nel mercato volatile delle criptovalute, quindi con il metodo DCA si possono evitare errori inutili.

Inoltre, questo metodo di investimento è molto utile durante un mercato ribassista. Quando il vostro interesse per gli investimenti in criptovalute sta scemando, potete attivare l'investimento automatico e continuare così a investire in silenzio, rimanendo piacevolmente sorpresi quando il vostro interesse torna a crescere durante una corsa al rialzo.

6. Ricerca di diversi progetti di crittografia

Spesso i mercati toro sono relativamente brevi rispetto ai mercati orso. Poiché i mercati ribassisti sono spesso lunghi, è possibile utilizzare il tempo durante un mercato ribassista per fare una buona ricerca su diversi progetti di criptovalute. Potete utilizzare questo tempo per ricercare quali Crypto Pearls riusciranno ad arrivare fino in fondo durante la prossima corsa al rialzo!

Soprattutto in questo periodo, la ricerca di progetti è molto importante, perché in questo periodo è possibile investire a basso costo. Ad esempio, gli investitori che hanno effettuato ricerche sulle diverse forme di adozione delle criptovalute tra il 2018 e il 2020 hanno potuto legare queste informazioni a diverse nicchie. Dai CryptoPunks, al gioco d'azzardo e ai progetti di criptovalute che competono con Ethereum, gli investitori che hanno sfruttato bene il precedente mercato ribassista sono stati in grado di raccogliere i frutti negli anni successivi.

In questo caso, non solo i progetti esistenti sono interessanti, ma anche i nuovi progetti di criptovalute possono essere molto interessanti. Tuttavia, spesso i progetti consistono in un bel sito web e in un libro bianco, le start-up di criptovalute sono spesso un investimento molto rischioso, ma un alto rischio può anche significare un'alta ricompensa.

7. Prestare molta attenzione all'accoppiamento BTC.
Quando il Bitcoin inizia una nuova corsa al rialzo, è importante posizionarsi bene con le altcoin giuste. Oltre

a fare molte ricerche e ad avere un buon spread tra monete rischiose e monete meno rischiose, si può anche tenere d'occhio l'accoppiata BTC di un'altcoin.

Se tutte le altcoin hanno subito un forte ribasso del valore in dollari, ma alcune monete hanno subito un ribasso molto più contenuto del valore in BTC, questo potrebbe creare delle opportunità. Quando il Bitcoin sale, anche queste monete possono salire molto. In questi casi il valore in dollari fornisce un quadro distorto. Tuttavia, la maggior parte degli investitori guarda solo al valore in dollari, ma non all'accoppiata BTC.

Ma cos'è l'accoppiata BTC? Probabilmente avete consultato il grafico del Bitcoin, dove il Bitcoin viene contrapposto al dollaro americano o all'euro. In questo caso, si parla di coppia BTCUSD o BTCEUR. Quando si cercano altcoin che sono in condizioni migliori di quanto suggerisca il valore del dollaro, ad esempio nel caso di Polkadot, si cerca DOTBTC, invece di DOTUSD.

Il mercato orso è il periodo più noioso del mercato. Non c'è euforia, sempre meno persone parlano del mercato e la socievolezza è stata sostituita da lamentele e negatività. Soprattutto in questo periodo è importante non perdere di vista la questione, perché sono i momenti in cui si può investire in modo vantaggioso. Tuttavia, gli investimenti devono sempre essere fatti con un piano e una ricerca adeguata!

I suggerimenti di cui sopra hanno lo scopo di dimostrare che in un mercato ribassista è possibile ottenere profitti o espandere il proprio portafoglio in diversi modi, in modo da essere preparati al meglio quando il prezzo tornerà a salire. Si possono utilizzare diversi consigli, ma soprattutto per gli appassionati di criptovalute alle prime armi è consigliabile non farsi coinvolgere da troppe cose diverse. È importante la visione d'insieme, che è molto difficile da trovare nel selvaggio west dell'industria della blockchain.

Indice dei contenuti

Il vostro libro gratuito

Se volete iniziare in modo redditizio nel mondo delle criptovalute, assicuratevi di scaricare il nostro bonus gratuito con **12 consigli estremamente preziosi per i principianti!**

Con questo libro e questi consigli, avrete la garanzia di un ottimo inizio per i vostri investimenti futuri!

Iscriviti qui per ottenere l'accesso immediato e dare il via al tuo successo in criptovaluta:

https://campsite.bio/stellarmoonpublishing

Il nostro corso di trading esperto in

criptovalute

Siete alla ricerca di un nuovo modo di investire?

Volete fare un po' di soldi?

Siete interessati a investire ma non sapete da dove cominciare?

Volete iniziare il vostro trading di criptovalute con le conoscenze di rinomati esperti di finanza e investimenti?

Il Corso di Expert Trading sulle criptovalute è il corso più completo sul trading e l'investimento con le criptovalute. Imparerete a fare trading in pochi minuti al giorno. Vi insegniamo tutto, dall'analisi tecnica alla gestione del rischio e molto altro ancora.

Il nostro obiettivo è aiutarvi a diventare un trader di successo, in modo che il vostro futuro finanziario sia sicuro.

Investire non è mai stato così facile con il nostro programma passo dopo passo che insegna ai principianti come fare trading come un esperto, con il potenziale di ottenere enormi profitti!

La parte migliore di questo corso è che è tenuto da esperti. Quindi, cosa state aspettando? Iniziate oggi stesso!

Per ulteriori informazioni, visitate questo link:

https://payhip.com/b/ork8N

I nostri libri

Per saperne di più sugli NFT, sul trading e sulla vendita di NFT, su come ottenere profitti e sui consigli e le strategie essenziali per un inizio a prova di fallimento nell'universo degli NFT, consultate il nostro altro libro.

Unisciti all'esclusivo Circolo Editoriale Stellar Moon e avrai accesso immediato a **12 consigli estremamente preziosi sulla criptovaluta**!

Inoltre, otterrete l'accesso immediato alla nostra mailing list con gli aggiornamenti dei nostri esperti ogni settimana!

Iscrivetevi qui oggi:

<u>https://campsite.bio/stellarmoonpublishing</u>

Costo medio del dollaro (DCA)?

Nel trading di criptovalute è spesso importante seguire una strategia. Una strategia garantisce che ci si attenga a un piano stabilito in precedenza. In questo modo è più facile affrontare situazioni impreviste, emozioni e fluttuazioni di prezzo.

L'aspetto di tale strategia può ovviamente essere deciso da ognuno. Ci sono molti trader di criptovalute che elaborano la propria strategia che funziona meglio per loro. È anche possibile utilizzare una strategia già ideata da qualcuno. Una strategia in cui ci si può imbattere è il Dollar Cost Averaging.

Il Dollar Cost Averaging, abbreviato in DCA, è una strategia di investimento che può essere utilizzata da tutti i tipi di trader. Questa strategia può rendere molto più semplice l'investimento in criptovalute e in altri prodotti finanziari. Di seguito potete leggere cos'è il Dollar Cost Averaging, come funziona e da chi può essere utilizzata al meglio.

Che cos'è il Dollar Cost Averaging (DCA)?
Il Dollar Cost Averaging è una strategia di investimento utilizzata da un gran numero di trader di criptovalute. Ma non solo dai trader di criptovalute. Il Dollar Cost Averaging è infatti una tecnica molto antica utilizzata da tutti i tipi di investitori. È possibile utilizzare questa tattica anche quando si vuole investire in azioni, obbligazioni, ETF, metalli preziosi, ecc.

Il Dollar Cost Averaging consiste nell'investire un importo predeterminato in un momento fisso. Lo si fa in un prodotto d'investimento prestabilito. Questo modo di investire assicura che non siate influenzati dalle emozioni, dai rialzi e dai ribassi dei prezzi.

L'idea alla base del Dollar Cost Averaging è che il prezzo aumenti gradualmente in un lungo periodo di tempo. Si acquistano criptovalute in momenti diversi: quando il prezzo è basso e quando è alto. Investendo in momenti diversi, la somma di denaro investita sarà la media di tutti questi momenti di acquisto.

Quando è il momento migliore per acquistare?

Il Dollar Cost Averaging è una strategia da applicare a lungo termine (almeno qualche anno). Potete decidere con quale frequenza fissare un momento di acquisto. In molti casi si utilizza il Dollar Cost Averaging investendo mensilmente o trimestralmente.

Scegliere un prodotto in anticipo

È importante scegliere in anticipo il prodotto su cui investire e non abbandonarlo. L'idea alla base del Dollar Cost Averaging è quella di investire parte del proprio capitale nello stesso prodotto per un lungo periodo di tempo, in modo da pagare il prezzo medio di acquisto.

Esempio di DCA

Tim vorrebbe investire il suo denaro in criptovalute, perché ritiene che in questo modo possa valere di più che se fosse sul suo conto bancario. Tuttavia, non ha alcuna conoscenza delle criptovalute. Pertanto, decide di investire 150 dollari in Bitcoin ogni mese. Dopo tutto, può facilmente risparmiare 150 dollari anche se li perde, e il Bitcoin è la criptovaluta più grande e più utilizzata.

Pertanto, questa criptovaluta sembra la più sicura per lui.

Il 25 del mese il suo stipendio viene depositato sul conto corrente. Sceglie quindi di farsi addebitare automaticamente 150 dollari il 26 del mese, in modo da non poterli spendere in anticipo. Questo denaro viene poi utilizzato per acquistare automaticamente Bitcoin.

Dopo un anno, Tim ha acquistato Bitcoin 12 volte ai seguenti prezzi:

Gennaio - 30.000
Febbraio - 28.000
Marzo - 21.000
Aprile - 22.000
Maggio - 26.000
Giugno - 31.000
Luglio - 39.000
Agosto - 40.000
Settembre - 38.000
Ottobre - 55.000
Novembre - 61.000
Dicembre - 64.000

Il prezzo medio pagato da Pim è di 37.916. Quando Pim decide di vendere i suoi Bitcoin dopo 12 mesi, ha ottenuto un rendimento medio del 68,8% sul suo investimento, senza avere alcuna conoscenza delle criptovalute né aver speso tempo per acquisire conoscenze o condurre ricerche.

Per chi è adatto il DCA?

Chiunque può trarre vantaggio dal Dollar Cost Averaging. Ci sono diverse situazioni in cui il Dollar Cost Averaging può essere saggio. Considerate le seguenti situazioni:

Investitore principiante senza conoscenze.
Le persone che hanno poche o nessuna conoscenza degli investimenti, spesso trovano difficile determinare i momenti di acquisto e di vendita. Tuttavia, desiderano approfittare dei potenziali rendimenti. Ecco perché la DCA è una strategia molto popolare tra gli investitori alle prime armi.

Investitore senza tempo.
Se avete le conoscenze necessarie, ma non avete il tempo di ricercare nuovi asset e i momenti migliori per acquistare e vendere, il DCA può essere una strategia adatta a voi. Non dovete perdere tempo quando utilizzate il Dollar Cost Averaging.

L'investitore che vuole spalmare il proprio denaro. È possibile ridurre il rischio di perdere denaro evitando di puntare su un unico cavallo. Questo vale anche per le strategie che seguite. Utilizzando strategie diverse, si riduce il rischio di perdere denaro quando una strategia non sembra funzionare.

Spesso gli investitori alle prime armi utilizzano i DCA. Questo perché non hanno ancora le conoscenze sufficienti per fare ricerche su determinati asset. In alcuni casi, non hanno nemmeno il tempo, ma sono comunque desiderosi di approfittare dei rendimenti che possono ottenere.

Inoltre, molti trader esperti di criptovalute scelgono di utilizzare il Dollar Cost Averaging. Questo perché la strategia può essere utilizzata come diversificazione del portafoglio. Utilizzando diverse strategie, si riduce il rischio di perdere ricchezza. Se una strategia non dovesse funzionare, si può sempre ricorrere all'altra.

Come usare il Dollar Cost Averaging nel trading di criptovalute? Un piano passo dopo passo!
Ora sapete cos'è il Dollar Cost Averaging e perché può essere così utile utilizzarlo. Potreste avere ancora qualche domanda su questa strategia, la prossima delle quali potrebbe essere: come si può usare il Dollar Cost Averaging nel trading di criptovalute?

Vi spiegherò cosa dovete fare prima di iniziare a comprare criptovalute secondo il DCA, dopodiché vi dirò su quali piattaforme potete utilizzare al meglio il Dollar Cost Averaging.

Preparazione

Decidete con quale frequenza volete investire. La maggior parte delle persone sceglie di effettuare un investimento mensile. Ma vediamo anche persone che lo fanno trimestralmente. Assicuratevi che non si vada oltre il trimestre, altrimenti l'idea di diffusione andrà persa.

Decidete quanto denaro volete investire. Naturalmente, ognuno può investire una somma diversa. Pertanto, valutate bene quanto denaro potete investire su base mensile/trimestrale. Tenete presente che potete perdere il denaro. Pertanto, non investite denaro che non potete perdere.

Decidete quale criptovaluta volete acquistare. È importante scegliere una criptovaluta in cui si abbia fiducia a lungo termine. Molti scelgono Bitcoin (BTC) o Ethereum (ETH) perché si tratta di blockchain e criptovalute consolidate. In base alla capitalizzazione di mercato, sono le due criptovalute più grandi al mondo.

Stabilite come eseguire il DCA. È possibile eseguire il DCA in due modi diversi:

- Investimento manuale. Si tratta di effettuare gli acquisti manualmente.
- Investimenti automatici. Ciò significa che una piattaforma effettuerà automaticamente gli acquisti per voi.

Su quali borse/broker di criptovalute è possibile eseguire DCA automaticamente?

Alcune borse e broker di criptovalute offrono la possibilità di impostare acquisti automatici. L'utente indica la frequenza con cui desidera che una determinata criptovaluta venga acquistata automaticamente.

Bitvavo.

Sulla piattaforma di Bitvavo non è possibile utilizzare una funzione speciale DCA, ma è possibile far trasferire il denaro automaticamente. Per saperne di più, cliccate qui.

Coinmerce.

Il broker di criptovalute Coinmerce offre la possibilità di impostare ordini ripetitivi.

Binance.

È anche possibile effettuare un ordine ripetuto su Binance per applicare il DCA. Qui potete leggere come fare.

Il vantaggio più grande è che non dovete perdere tempo ad acquistare DCA da soli quando lo fa automaticamente lo scambio/broker di criptovalute che utilizzate.

Vantaggi e svantaggi dei DCA
Di seguito potete leggere i principali vantaggi e svantaggi del Dollar Cost Averaging (DCA).

Vantaggi

Fare trading senza emozioni.
Se acquistate sempre una determinata attività nello stesso momento, non sarete influenzati dalle emozioni e quindi sarete meno a rischio.

Facile da usare.
Non è difficile applicare il DCA.
Molte borse e broker offrono anche la possibilità di impostarlo, in modo da non dover acquistare manualmente un asset.

Non è necessario alcun tempo o conoscenza.
L'applicazione della DCA consente di investire in criptovalute, azioni o altri prodotti senza dover investire tempo nella ricerca su questi asset.

Inoltre, non è necessario avere molte conoscenze preliminari, perché con il DCA non è necessario.
Aumento stabile nel lungo periodo.
Utilizzando il DCA, c'è una buona probabilità che il valore del vostro investimento aumenti costantemente nel lungo periodo.

Svantaggi

Nessuna garanzia di ritorno positivo.
Nonostante il fatto che la DCA sia una strategia popolare e che molte persone indichino di ottenere un

rendimento positivo come risultato, non è ovviamente una garanzia di ottenere un profitto. Pertanto, è bene tenere presente che con la DCA si può anche perdere denaro.

Profitti minori.
Se si utilizza la DCA come strategia, si acquista anche un'attività nei momenti in cui il prezzo è elevato.

Di conseguenza, nel breve periodo si otterrà un profitto inferiore rispetto a quello che si ottiene acquistando un'attività quando il prezzo è il più basso possibile.

Il Dollar Cost Averaging è una strategia popolare tra i trader di criptovalute. Tuttavia, questa strategia non viene utilizzata per la prima volta nel mercato delle criptovalute. Il Dollar Cost Averaging è anche una forma di investimento popolare tra i trader di azioni, obbligazioni e metalli preziosi.

Il Dollar Cost Averaging consiste nell'investire una somma fissa di denaro in un determinato asset a scadenze predeterminate. Nel caso delle criptovalute, ciò significa, ad esempio, investire 100 euro in Bitcoin ogni 25 del mese. In questo modo si paga sempre il prezzo medio e non si è influenzati dalle emozioni e dalle fluttuazioni di prezzo.

Il DCA può essere utilizzato da chi non ha il tempo di fare ricerche su un asset. Ma anche molti trader avanzati sono fan del Dollar Cost Averaging. Questo

perché serve anche come strumento di diversificazione.
Distribuendo le diverse strategie, si corre un rischio
minore di perdere le puntate.

29

Riflessività del mercato

La riflessività del mercato è un termine della sociologia ampiamente utilizzato anche nel mondo economico. La definizione è strettamente legata ai livelli dei prezzi e al sentiment del mercato. George Soros è un grande nome nel campo della teoria della riflessività, per cui in questo capitolo tratteremo anche la sua opinione. L'istruzione in materia finanziaria può essere un vantaggio per voi. Dopo tutto, l'analisi tecnica e la comprensione delle basi fondamentali sono le fondamenta di un buon trader.

Nella seconda parte del capitolo vi spiegherò cosa c'entra la riflessività con il mercato delle criptovalute, quindi continuate a leggere? Oh sì, un avvertimento: riflettete sempre attentamente sui vostri investimenti e sulle vostre decisioni, perché io non do consigli finanziari. Non seguite ciecamente gli altri e affidatevi alle vostre scoperte, teorie ed esperienze. Inoltre, non investite denaro che non potete permettervi di perdere, anche se il mercato sembra essere in ottima forma. In questo capitolo scoprirete perché non è saggio seguire ciecamente l'aumento dei prezzi...

Cosa significa riflessività del mercato?
La riflessività del mercato è lo stesso termine della riflessività del mercato. Si tratta di un termine nato in sociologia, ma rilevante anche nel mondo economico. Nel mondo finanziario, George Soros è un predicatore di questo termine, quindi cerchiamo prima di tutto di capire chi è in realtà e perché le sue opinioni sono

importanti per il mercato finanziario. E, naturalmente, per il mercato delle criptovalute in particolare!

Chi è George Soros?
George Soros è un uomo d'affari americano e noto filantropo. Si è ispirato a Karl Popper (1957), che ha scritto il libro "La povertà dello storicismo". Con un patrimonio netto di quasi 9 miliardi di dollari, è molto ricco, anche se dona gran parte della sua ricchezza a enti di beneficenza. L'uomo migliore è diventato noto come "l'uomo che ha rotto la banca d'Inghilterra" ed è ancora conosciuto come una leggenda nel mondo degli investimenti. È noto anche per il suo libro "L'alchimia della finanza", scritto nel 1987 ma ripubblicato pochi anni fa.

Il 16 settembre 1992 distrusse da solo la Banca d'Inghilterra. Il succo della storia è che approfittò del sistema monetario europeo per sferrare un attacco speculativo. All'epoca era in atto una svalutazione dell'economia (deprezzamento intenzionale di una valuta rispetto a un'altra). Soros pensò che un grande attacco speculativo avrebbe costretto il Paese a uscire dal sistema e a svalutare la valuta.

George Soros contro la riflessività del mercato
Ma cosa c'entra George con la riflessività del mercato? Le teorie economiche, secondo Soros, sono invalidate dalla riflessività. Egli ritiene che, mentre i prezzi di mercato dovrebbero tendere all'equilibrio, la riflessività fa sì che ciò non avvenga:

Nelle situazioni con partecipanti pensanti, la visione del mondo dei partecipanti è sempre parziale e distorta... Queste visioni distorte possono influenzare la situazione a cui si riferiscono, perché le visioni errate portano ad azioni inappropriate. ...È generalmente riconosciuto che la complessità del mondo in cui viviamo supera la nostra capacità di comprenderla. Di fronte a una realtà di estrema complessità siamo costretti a ricorrere a vari metodi di semplificazione.

Quindi, in sostanza, il punto è che la nostra realtà individuale non corrisponde affatto a quella reale. Ognuno di noi ha una visione unica del mondo e per questo non vede mai al 100% la situazione reale e oggettiva. Questo significa anche che gli investitori agiscono in base alle proprie percezioni, influenzando così la realtà. Questa realtà include la direzione del mercato. Attraverso la percezione degli investitori, anche loro stessi sono influenzati. Non è strano?

Secondo Soros, queste azioni e reazioni ci fanno entrare in un circolo di feedback che scollega i prezzi e gli eventi di mercato dalla realtà.

Un'immersione profonda nella riflessività
Quindi, come descritto sopra, la teoria della riflessività riguarda il fatto che gli investitori prendono le loro decisioni non in base alla realtà, ma alla loro percezione della realtà. Quindi, inquadrano la loro realtà, prendono una decisione e compiono azioni. Da queste azioni

scaturiscono le percezioni, che hanno un impatto sulla realtà. Di conseguenza, i prezzi sul mercato cambiano, il che a sua volta modifica la realtà agli occhi degli investitori.

Secondo George Soros, questo processo si auto-rinforza ed è la causa dello squilibrio dei prezzi sul mercato. Secondo l'investitore, l'attuale situazione economica è un esempio da manuale della teoria: l'aumento dei prezzi delle case porta a un aumento del numero di mutui, che a sua volta porta a un aumento dei prezzi. Di conseguenza, si forma massicciamente una bolla dopo l'altra, fino al crollo. Il risultato è intuibile: una crisi finanziaria, come la Grande Recessione tra il 2007 e il 2009.

Sebbene il presupposto standard sia un equilibrio economico combinato con un'aspettativa razionale, Soros lo contraddice. Secondo la maggior parte dei modelli economici, il prezzo di equilibrio si ottiene attraverso la domanda e l'offerta. Secondo l'economista medio, quando si prevede razionalmente che la domanda diminuisca, il prezzo diminuisce. Al contrario, il prezzo aumenta quando la domanda aumenta o quando c'è scarsità.

George Soros non è del tutto d'accordo, ritenendo che la riflessività disturbi questo equilibrio. Lo sviluppo dei prezzi non si ferma mai e se continuiamo a prendere decisioni basate su ciò che consideriamo la nostra realtà, si crea un divario sempre più ampio tra la realtà e il livello dei prezzi di mercato. Il ciclo di feedback menzionato in precedenza causa una discrepanza tra prezzi e aspettative. Quando qualcosa cambia nell'economia, si verifica un aggiustamento positivo attraverso il ciclo di feedback. Un circuito di feedback negativo manterrebbe il mercato in equilibrio, ma la normale reazione non si verifica. Di conseguenza, l'equilibrio economico scompare fino a quando i partecipanti al mercato non si svegliano e vedono che la realtà è diventata scollegata dai prezzi di mercato. La tendenza si inverte temporaneamente, ma George Soros non considera questo un ciclo di feedback negativo.

Riflessività nel mercato delle criptovalute
Ok, abbiamo gettato una base abbastanza ampia del concetto, ma cosa c'entra questo con la scena delle criptovalute? Le criptovalute sono ancora giovani, quindi il mercato subisce ancora violente oscillazioni: la cosiddetta volatilità. Inoltre, come appassionati di criptovalute, soffriamo costantemente di FOMO e scopriamo sempre una nuova gemma da qualche parte, giusto?

Spesso i notiziari danno l'impressione che l'intero mercato delle criptovalute dipenda dagli sviluppi del Bitcoin (BTC), ma chi ha un minimo di conoscenza sa che si tratta di pura ignoranza. Man mano che il mercato matura, l'approccio crescerà di pari passo con questa maturità. Poiché il mercato è così giovane, è soggetto a fluttuazioni piuttosto rapidamente. Le fluttuazioni sono causate dagli eventi del mercato, che provocano una reazione negativa o positiva delle criptovalute.

Sviluppi intorno a Bitcoin

Il fatto che il Bitcoin (BTC) sia considerato una rivoluzione finanziaria ha un grande impatto sulla sua riflessività. Anche espressioni come "il Bitcoin è instabile e non diventerà mai un mezzo di pagamento serio" influenzano il mercato. In realtà, non si tratta di fatti concreti, ma di eventi sentimentali. In effetti, queste affermazioni hanno un forte impatto sull'azione del prezzo della moneta. Siamo massicciamente a favore del Bitcoin perché la moneta sta facendo un balzo in avanti e le notizie sono positive? Allora la popolarità sale e così il prezzo. Se il prezzo crolla, come sta accadendo al momento in cui scriviamo (maggio 2022), allora molte persone vendono e la moneta sparisce per i proverbiali dieci centesimi.

L'andamento del prezzo del Bitcoin è rilevante per l'intero mercato delle criptovalute, in quanto si tratta di un asset influente. Naturalmente, questo è dovuto principalmente al fatto che il mercato è giovane e molte persone non sanno quasi nulla del mercato e delle sue possibilità. Così facendo, le altcoin spesso seguono il prezzo del Bitcoin, rendendolo sostanzialmente una profezia che si autoavvera. Ad esempio, molti avevano previsto che il prezzo del Bitcoin sarebbe salito a 200.000 dollari entro la fine del 2021, cosa che come sappiamo non è avvenuta. Peggio ancora, siamo scesi di parecchio.

Bitcoin e il ciclo di feedback

A giudicare dalle variazioni di prezzo degli ultimi anni, si può ben vedere come la riflessività del mercato funzioni in pratica. Nel 2020 e nel 2021 c'è stato un mercato incredibilmente toro, il che significa che il prezzo era in aumento e più alto del normale. Le cose stavano andando incredibilmente bene nel mercato delle criptovalute fino a quando Elon Musk ha annunciato che il Bitcoin non era più accettato come mezzo di pagamento presso Tesla. Inoltre, l'estrazione mineraria non era più consentita in Cina, il che ha cambiato il sentimento del mercato.

I prezzi sono scesi e le tensioni hanno prevalso sul mercato delle criptovalute. Il panico ha spinto molte persone a mettere in vendita le proprie monete. L'anno scorso il panico è aumentato ancora di più, facendoci sprofondare ai minimi storici. Attualmente, il Bitcoin (BTC) è sceso a 27k, lasciando molti investitori in attesa di un nuovo aumento dei prezzi e di una prospettiva sul mercato. Come si vede, un mercato riflessivo è volubile ed eccitante, con conseguenze di vasta portata per i consumatori.

Tra l'altro, un'altra cosa che sta influenzando il prezzo del Bitcoin è il suo valore fortemente gonfiato e il fatto che le persone sono arrivate a vedere il Bitcoin come uno Store of Value (SoV). Viene anche chiamato "l'oro digitale" per via del valore che i proprietari detengono.

La relazione tra le due percezioni fa sì che il prezzo venga spinto verso l'alto, causando la riflessività.

Nonostante il fatto che la riflessività sia fondamentalmente un termine sociologico, in questo capitolo lo contrapponiamo al mercato economico. Che cosa ha a che fare il rapporto tra causa ed effetto con il mercato finanziario e come i prezzi si adattano a queste fluttuazioni?

In poche parole, la riflessività è l'effetto auto-rinforzante del sentimento di mercato, che provoca un inasprimento dei prezzi a causa della percezione degli investitori, fino a quando il processo diventa insostenibile. George Soros è un grande nome ampiamente associato a questa definizione. Egli fornisce un buon esempio basato sull'attuale mercato immobiliare. I prezzi delle case aumentano > si vendono più case e si concedono mutui ipotecari > i prezzi aumentano ulteriormente > la situazione sfugge al controllo e diventa inaccessibile. Il prezzo di mercato non è più proporzionale al valore intrinseco, quindi il mercato crolla.

Volatilità delle criptovalute

Crypto e forex sono due mercati popolari in cui fare trading. Uno scambia valute digitali, mentre l'altro scambia valute reali come l'euro o lo yen.

Entrambi i mercati presentano vantaggi e svantaggi. In generale, ad esempio, il mercato delle criptovalute è chiaramente più volatile di quello del forex. Volatilità significa quanto il mercato si muove su e giù in un determinato periodo di tempo. È un vantaggio o uno svantaggio? Potete stabilirlo solo voi stessi.

Per alcuni può essere un vantaggio, perché una maggiore volatilità offre potenzialmente maggiori rendimenti. D'altro canto, un'elevata volatilità comporta anche un maggior rischio.

Come mai questa volatilità è più elevata e cosa bisogna tenere in considerazione? Potete leggere tutto questo e molto altro in questo capitolo.

Che cos'è il mercato delle criptovalute?
Una criptovaluta è un'unità digitale che rappresenta un determinato valore. È una valuta digitale utilizzata come alternativa al denaro a cui siamo abituati.

La criptovaluta è stata creata dopo che Satoshi Nakamoto ha cercato di sviluppare un sistema di denaro elettronico peer-to-peer. Questo avrebbe reso impossibile spendere due volte lo stesso denaro. In origine, non era sua intenzione far nascere una criptovaluta.

Un requisito importante per le criptovalute è che non richiedono un server o un'autorità centrale e sono quindi decentralizzate.

Molte di queste reti decentralizzate di criptovalute si basano sulla tecnologia blockchain. Si tratta di una sorta di libro mastro tenuto da una rete indipendente di computer. Ciò rende impossibile, ad esempio, che il denaro venga emesso due volte o che si verifichino altre forme di frode.

Il mercato delle criptovalute è, ovviamente, il luogo in cui le criptovalute possono essere acquistate e vendute. È il luogo in cui si incontrano la domanda di criptovalute e l'offerta di criptovalute.

Che cos'è il mercato forex?
Il mercato forex è quello in cui vengono scambiate le valute. Si tratta di valute come l'euro, il dollaro o lo yen. Queste valute sono ancora oggi molto importanti, perché sono quelle generalmente utilizzate per pagare in tutto il mondo.

Il "prezzo" di queste valute è determinato da molti fattori. In parole povere, come per ogni altra cosa, sono influenzati dalla domanda e dall'offerta. Ma come funziona esattamente questa forma di domanda e offerta?

Ad esempio, la domanda di una valuta aumenta quando i produttori del paese della valuta diventano più economici. Supponiamo che i prezzi in Europa diminuiscano. Le aziende americane possono quindi acquistare prodotti più economici in Europa che in America. Tuttavia, devono farlo in euro. Di conseguenza, chiedono euro e il "prezzo", o tasso di cambio, dell'euro aumenta.

Quindi, nell'esempio citato prima, l'offerta di dollari aumenta, perché gli Stati Uniti offrono questi dollari in cambio di euro. Il prezzo del dollaro, quindi, diminuirà.

Le fluttuazioni che si verificano in questi prezzi, o tassi, sono molto interessanti per gli speculatori valutari. Gli speculatori valutari sono persone che speculano sul prezzo della valuta. Ciò significa che è probabile che acquistino quando si aspettano un aumento del prezzo e che vendano quando si aspettano una diminuzione del prezzo.

Anche nel forex, come nelle criptovalute o nelle azioni, si possono fare molti soldi. Tuttavia, le cose possono anche andare male. Tenetene conto prima di iniziare e ricordate sempre: prima imparate e solo dopo investite!

Quali sono le differenze tra il mercato delle criptovalute e quello del forex?
Ora che abbiamo parlato di entrambi i mercati, potreste già avere un'idea di quali siano le differenze tra il

mercato delle criptovalute e quello del forex. Tuttavia, si assomigliano: in entrambi i mercati si comprano e si vendono valute. In uno si acquistano valute digitali e nell'altro valute non digitali. Ma quali sono esattamente le grandi differenze tra i due mercati?

Caratteristiche del mercato

Una delle differenze tra il mercato delle criptovalute e quello del forex è che i mercati non sono sempre aperti alla stessa ora.

In effetti, il mercato forex opera nei fine settimana. Si tratta in realtà di una combinazione tra il mercato delle criptovalute e il mercato azionario. Il mercato azionario è infatti aperto 5 giorni alla settimana, e in questi giorni di apertura il mercato è aperto per un numero limitato di ore. Il mercato delle criptovalute è aperto 24 ore al giorno, 7 giorni alla settimana. Il mercato forex è un intervento di questo tipo. È aperto 5 giorni alla settimana, ma per 24 ore.

Volatilità

In generale, il mercato delle criptovalute è molto più volatile del mercato forex. Ciò significa che le fluttuazioni di prezzo nel mercato delle criptovalute sono molto più numerose che nel mercato del forex.

Ciò è dovuto a diverse ragioni. Ad esempio, perché il mercato delle criptovalute è più recente di quello del forex. Più avanti approfondiremo come funziona esattamente e quali sono le altre ragioni.

Il rischio

Naturalmente, non si può mai dire quale mercato sia più rischioso. Si dà il caso che questo dipenda da tanti fattori diversi e che il rischio dipenda anche, in larga misura, dalle vostre azioni.

In generale, il rischio sul mercato forex è leggermente inferiore a quello sul mercato delle criptovalute. Il motivo principale è semplicemente che il mercato forex è meno volatile. Di conseguenza, i prezzi subiscono meno fluttuazioni enormi, per cui si corre meno il rischio di perdere improvvisamente molto denaro. Naturalmente, anche la possibilità di guadagnare improvvisamente molto denaro è un po' più bassa.

Naturalmente, le vostre scelte possono anche ridurre o aumentare il rischio. Prestate sempre attenzione e fate sempre prima le vostre ricerche. Ricordate sempre la nota regola: prima imparate e poi investite!

Centralizzazione

Un'altra grande differenza tra i due mercati è che uno è centralizzato e l'altro decentralizzato.

Il Forex, infatti, è centralizzato. Ciò significa che le valute sono controllate e dominate da governi o banche centrali. Sono loro a decidere cosa succede alla valuta e possono quindi influenzarne il prezzo.

Le criptovalute sono decentralizzate. Ciò significa che in realtà avviene esattamente il contrario di quanto accade con il forex. La criptovaluta non è infatti dominata o controllata da nessuno. Secondo molti, questo è un grande vantaggio.

Termine

Il trading nel forex è principalmente a breve termine. Questo perché se, ad esempio, uno speculatore olandese acquista il rand (valuta del Sudafrica), non potrà più farne uso. L'unico obiettivo di uno speculatore nell'acquisto di questa valuta è quello di ottenere un profitto.

Con le criptovalute, non è detto che sia sempre così. Alcune criptovalute hanno alle spalle un vero e proprio progetto, con una speciale tecnologia avanzata che potrebbe davvero cambiare il mondo. Con le criptovalute, quindi, c'è una buona probabilità di acquistare la criptovaluta per l'interesse del progetto e della sua funzione, al di là dell'obiettivo di ottenere un profitto.

Si tratta di una differenza importante, il cui impatto è chiaramente visibile in entrambi i mercati.

Posizione Legatura

Entrambi gli investimenti dipendono in una certa misura dall'ubicazione.

Nel caso del forex questo è molto semplice da spiegare. La valuta acquistata o venduta appartiene a un luogo o a più luoghi. Ad esempio, il dollaro appartiene agli Stati Uniti e l'euro a tutta l'Europa.

Agli albori della criptovaluta, non si poteva dire che la criptovaluta fosse legata alla posizione e forse non lo è ancora. Tuttavia, ci sono alcune avvertenze a riguardo. Le criptovalute, o alcuni progetti di criptovalute in particolare, sono ora vietati in alcuni luoghi del mondo. Esistono anche tecniche che funzionano o sono attive solo in alcuni Paesi. Pertanto, anche la criptovaluta è in qualche misura legata al luogo. In futuro questo potrebbe diventare più o meno vero.

Capitalizzazione di mercato
Ci sono anche differenze nel market cap totale dei due mercati. Ciò significa quanto è grande il mercato totale nella sua interezza.

Il market cap del forex è il più grande di tutti i mercati. Il mercato del forex è quindi il più grande mercato del mondo. Il market cap totale del forex è di 5.000.000.000.000 di dollari. Il dollaro USA (United States Dollar) è il principale attore in questo mercato. Questa valuta rappresenta il 90% del mercato totale.

Il totale del mercato delle criptovalute è notevolmente inferiore. È di circa 300.000.000.000 di dollari. Il Bitcoin (BTC) è l'attore più importante e rappresenta circa la metà di questo mercato. Al secondo posto c'è Ethereum

(ETH), che rappresenta circa l'8% dell'intero market cap delle criptovalute. Queste cifre si riferiscono all'anno 2021.

Perché il mercato delle criptovalute è più volatile di quello del forex?
Quando si sceglie in quale mercato iniziare a fare trading, è importante prendere in considerazione tutti gli aspetti di entrambi i mercati, compresa la volatilità. La volatilità implica l'entità delle fluttuazioni dei prezzi. In altre parole, quanto i prezzi si muovono verso l'alto e verso il basso.

È importante conoscere il mercato in cui si intende operare, perché in questo modo si potrà determinare bene come operare. Il rischio da assumere dipende dalla volatilità.

Più alta è la volatilità, più alto è in generale il rischio. Questo perché quando la volatilità è più alta, in linea di principio è maggiore la possibilità che il mercato crolli improvvisamente e così anche il vostro investimento. Se volete correre questo rischio, potete farlo, ma è importante che lo consideriate bene.

In generale, il mercato delle criptovalute è più volatile di quello del forex. Ciò è dovuto a diverse cause.

Uno di questi è la dimensione del mercato. Come già discusso in precedenza in questo capitolo, il mercato delle criptovalute è molto più piccolo di quello del forex.

Ciò è dovuto al fatto che il mercato delle criptovalute è relativamente nuovo e non è ancora "accettato" da tutti. D'altra parte, il mercato forex è utilizzato da tutti, volenti o nolenti. Dopo tutto, tutti devono utilizzare in qualche modo le valute scambiate sul mercato forex.

La conseguenza di questa differenza di dimensioni è che una transazione di un certo importo ha più influenza sul mercato delle criptovalute rispetto al mercato forex. Quando, ad esempio, vengono venduti improvvisamente 3 milioni di dollari di criptovalute, si tratta dell'1% del mercato totale e di conseguenza l'offerta aumenterà in misura molto maggiore rispetto alla stessa transazione sul mercato forex. Questo farà sì che il prezzo scenda molto di più.

Questo significa anche, ad esempio, che i grandi operatori possono esercitare un'influenza molto maggiore sul mercato. Ad esempio, un tweet di Elon Musk avrebbe molta, molta più influenza sul mercato delle criptovalute che su quello del forex.

In particolare, le differenze di dimensioni e di età del mercato fanno sì che la volatilità del mercato delle criptovalute sia molto più elevata di quella del mercato forex.

Perché il mercato delle criptovalute è più volatile di quello del forex? Le ragioni principali sono che il mercato delle criptovalute è molto più piccolo del mercato forex e che il mercato delle criptovalute è molto più giovane del mercato forex. L'insieme di questi fattori fa sì che il mercato delle criptovalute sia più influenzato da piccole transazioni e, ad esempio, più facilmente influenzato dai grandi operatori.

Perché è importante? È molto importante tenere a mente la volatilità di un mercato prima di iniziare a fare trading. In generale, quando la volatilità è più elevata, anche il rischio è più alto.

In questo caso, infatti, il rischio è maggiore, in quanto il mercato si muove più spesso in avanti e indietro e, di conseguenza, scende più frequentemente. La possibilità di perdere denaro è quindi maggiore.

Crimini DeFi

Mentre sempre più persone si interessano al mondo delle criptovalute e sempre più token crittografici vengono scambiati, anche i crimini legati alle criptovalute sono in aumento. I criminali sono ovunque nel mondo delle criptovalute, alla ricerca di nuove opportunità per sottrarre i beni delle persone.

Il mondo delle criptovalute sta cambiando rapidamente, così come la criminalità legata alle criptovalute. Ogni anno si manifestano nuove tendenze. Può trattarsi di forme di crimine completamente nuove, ma anche di forme vecchie sotto una nuova veste. In questo blog leggerete tutte le ultime tendenze del crimine in criptovaluta, in modo da essere particolarmente attenti ed evitare di diventare vittime.

Cifre sui crimini di criptovaluta
Le criptovalute offrono un'alternativa al settore finanziario tradizionale attraverso un sistema decentralizzato, indipendente dalle banche e dal governo. Le transazioni possono essere effettuate rapidamente in un'unica rete e sono difficilmente riconducibili a singoli individui. Oltre ai numerosi vantaggi, questo metodo di trading comporta anche dei rischi. Diverse parti mettono in guardia dai pericoli del mercato delle criptovalute e chiedono una maggiore vigilanza. Le criptovalute sono vulnerabili a varie forme di criminalità, perché anche i criminali hanno trovato il mercato delle criptovalute. Soprattutto la crescente

popolarità in relazione alla natura anonima e transfrontaliera delle criptovalute offre opportunità ai criminali.

Nel 2021, la criminalità legata alle criptovalute ha raggiunto un nuovo record, secondo una ricerca della società di crittoanalisi Chainalysis. Sono state ricevute transazioni illegali per un totale di 14 miliardi di dollari, rispetto ai 7,8 miliardi di dollari del 2020, agli 11,7 miliardi di dollari del 2019 e ai 4,4 e 4,6 miliardi di dollari rispettivamente del 2018 e del 2017. Si trattava di diversi tipi di transazioni illegali.

Tuttavia, queste cifre non raccontano l'intera storia. L'uso delle criptovalute sta crescendo più velocemente che mai, quindi sempre più persone acquistano e vendono criptovalute. Le ricerche mostrano che il volume totale degli scambi di criptovalute crescerà fino a 15,8 trilioni di dollari entro il 2021. Si tratta di un aumento di circa il 567% rispetto al volume totale degli scambi nel 2020. Data questa crescita, non sorprende che sempre più criminali utilizzino le criptovalute per commettere reati.

Tuttavia, in proporzione, la percentuale di transazioni illegali di criptovalute è diminuita se si considerano gli anni precedenti. Nel 2021, la percentuale di transazioni illegali di criptovalute era "solo" lo 0,15% dell'intero volume di scambi. Nel 2020 era dello 0,62%, nel 2019 addirittura del 3,37%, mentre nel 2018 e nel 2017 la percentuale era dello 0,76% e dell'1,42%. La quota di transazioni illegali sul volume totale di scambi di criptovalute non è mai stata così bassa come ora. Pertanto, la conclusione è che l'uso legale delle cripto è effettivamente aumentato.

Il crimine sembra quindi occupare un posto sempre più piccolo all'interno del cripto-ecosistema. Da un lato, ciò si spiega con il fatto che le criptovalute vengono prese più seriamente da un pubblico sempre più vasto come strumento di pagamento o di investimento digitale. Una ricerca di Ipsos, ad esempio, mostra che circa 1,2 milioni di olandesi possedevano criptovalute nel 2021. D'altro canto, le criptovalute hanno ricevuto una maggiore attenzione da parte di governi, autorità di regolamentazione e forze dell'ordine. Pertanto, anche la capacità delle forze dell'ordine di combattere i crimini basati sulle criptovalute si sta evolvendo.

Naturalmente, nonostante la percentuale di transazioni illegali sia diminuita, 14 miliardi di dollari in attività illegali sono ancora molti soldi e quindi problematici. L'abuso criminale delle criptovalute crea enormi ostacoli a ulteriori sviluppi e integrazioni, aumenta la probabilità di severe restrizioni da parte del governo e, cosa peggiore, persone innocenti ne sono vittime e perdono molto denaro.

È quindi bene soffermarsi sulle tendenze della criptocriminalità, in modo da essere almeno attenti ad esse.

Tendenze della criptocriminalità

Quali sono le tendenze visibili nella criptocriminalità? La tabella sottostante riporta le percentuali dei diversi tipi di crimine negli ultimi anni. Osservando queste percentuali, due categorie sono aumentate molto in termini percentuali nel 2021: il furto di criptovalute e, in misura minore, le truffe.

DeFi

Sia nel furto di criptovalute che nelle truffe, la DeFi svolge un ruolo importante. Che cos'è la DeFi? Decentralized Finance, abbreviato in DeFi, significa letteralmente finanza decentralizzata. La DeFi è uno sviluppo che consente di fornire strumenti e servizi finanziari senza dipendere da un intermediario come una banca. Ciò avviene attraverso contratti intelligenti sulla blockchain, che elaborano transazioni finanziarie senza intermediari.

Truffe

I ricavi delle truffe sono aumentati dell'82%, raggiungendo i 7,8 miliardi di dollari di criptovalute rubate alle vittime nel 2021. Più di 2,8 miliardi di questa cifra sono stati ottenuti tramite back pull. I back pull rappresentano un tipo di truffa abbastanza nuovo, in cui i truffatori fingono di essere affidabili e poi tirano fuori tutto il denaro dal progetto. Questo va oltre il semplice furto di criptovalute, è necessario ingannare e guadagnare la fiducia degli investitori. In molti casi si tratta di progetti DeFi, in cui i truffatori hanno indotto gli investitori ad acquistare i token appartenenti a un particolare progetto e poi sono fuggiti con il denaro degli investitori. A quel punto i token non valgono più nulla.

Un esempio ben noto di back pull è il back pull di Squid game, avvenuto nel novembre 2021. Squid Game (SQUID) era un progetto basato sulla popolare serie Netflix e doveva essere un gioco da giocare sulla Smart Chain di Binance, secondo il white paper, ma alla fine il gioco non si è mai realizzato. Dopo che il token ha raggiunto un valore di 2,86 dollari dopo un rapido aumento del 7400%, i creatori hanno ritirato i soldi e il token è crollato fino a 0 dollari. Gli investitori sono rimasti a mani vuote. Si stima che i truffatori abbiano guadagnato tra i 3 e i 12 milioni di dollari.

I tiri indietro sono comuni nella DeFi per diversi motivi. In primo luogo, è a causa del clamore che circonda la DeFi. Infatti, il volume di scambi dei progetti DeFi è aumentato del 912% nel 2021. L'alto rendimento dei token decentralizzati ha reso molti entusiasti di investire nei token della DeFi. Allo stesso tempo, non è molto complicato creare nuovi gettoni DeFi e piazzarli sulle borse, anche senza una verifica del codice. La verifica del codice è un processo in cui una società esterna o una borsa valori analizza il codice del contratto intelligente alla base di un nuovo token o di un altro progetto DeFi. L'azienda esterna conferma pubblicamente che le regole del contratto sono affidabili e non contengono un meccanismo che consente agli sviluppatori di sottrarre le criptovalute degli investitori. È quindi possibile evitare di diventare vittima di un back pull investendo solo in progetti che sono stati sottoposti a un audit del codice.

Furto di criptovalute

I furti di criptovalute sono cresciuti ancor più delle truffe. Nel 2021 sono stati rubati circa 3,2 miliardi di dollari di criptovalute, con un aumento del 516% rispetto al 2020. Di questi, circa 2,2 miliardi, il 72% del totale del 2021, sono stati rubati dai protocolli DeFi. Il furto di DeFi può essere ricondotto a errori nei contratti intelligenti, che rendono possibile il furto di criptovalute da parte degli hacker. Questo aumento dei furti legati alla DeFi è in linea con la tendenza visibile che vede la DeFi diventare un fattore importante nella criminalità legata alla criptovaluta.

Nel 2020, poco meno di 162 milioni di dollari di criptovalute sono stati rubati dalle piattaforme DeFi. Si tratta del 31% del totale delle criptovalute rubate nell'anno. Questo dato da solo equivale a un aumento del 335% rispetto al 2019. Nel 2021, questa percentuale è aumentata di un altro 1330%. In altre parole, con la continua crescita della DeFi, è cresciuto anche il problema del furto di criptovalute all'interno della Defi.

Riciclaggio di denaro

È cresciuto anche l'uso della DeFi per il riciclaggio di denaro. Nel 2021 si è registrato un aumento di circa il 1964%. Anche questo non è molto sorprendente. Dopo tutto, i criminali che truffano le persone e rubano le criptovalute hanno un solo obiettivo: tenere queste criptovalute rubate nascoste alle autorità e convertirle in denaro legale, in modo che possano essere spese senza dimostrare la loro origine illegale. Il riciclaggio di denaro è quindi alla base di tutte le forme di criminalità con le criptovalute, ma poiché la popolarità della DeFi è salita alle stelle e offre molte opportunità, anche i criminali vi vedono molte possibilità.

NFT

Gli NFT sono stati uno dei più grandi successi del 2021. Come nel caso di ogni nuova forma di tecnologia, gli NFT offrono molte opportunità di abuso. Da un lato, gli NFT sono utilizzati come strumento per il furto di criptovalute o per le truffe. Le truffe NFT più comuni includono progetti NFT falsi, NFT copiati o hack NFT.

D'altra parte, i NFT vengono acquistati anche con criptovalute ottenute in modo illegale. Come nel caso dell'arte fisica, gli NFT possono essere facilmente utilizzati per il riciclaggio di denaro. Come mostra il grafico seguente, il valore delle criptovalute ottenute illegalmente e inviate ai marketplace di NFT è aumentato significativamente nel 2021.

L'uso delle criptovalute sta crescendo più velocemente che mai e quindi sempre più persone fanno trading con le criptovalute. A causa di questa crescita, aumentano anche i crimini legati alle criptovalute. Possiamo chiaramente vedere che la DeFi svolge un ruolo importante in questo contesto. La DeFi offre enormi opportunità per le aziende e gli investitori, ma offre anche opportunità per i criminali e nuove forme di criminalità. Quindi, attenzione e non investite in progetti senza prima aver fatto una ricerca adeguata sull'affidabilità e sulle intenzioni che stanno dietro al progetto!

Assicurazioni Defi

Probabilmente non c'è bisogno di dirvi che il trading di criptovalute è rischioso. Quando si acquistano criptovalute, il loro valore può salire, ma può altrettanto facilmente scendere. Quindi si rischia sempre di perdere la posta in gioco. Questo fa parte del trading di criptovalute.

Tuttavia, anche nel mondo delle criptovalute è possibile perdere denaro in modi molto diversi. Non si pensi solo alle truffe e alle monete truffaldine, ma anche agli errori tecnici. Questi tipi di errori sono piuttosto comuni nella DeFi.

Fortunatamente, sempre più aziende cercano soluzioni a questo tipo di errori. Si pensi, ad esempio, alle assicurazioni speciali DeFi. Questi tipi di assicurazioni DeFi stanno diventando sempre più popolari. Nexus Mutual, NSure Network ed Ease sono alcune di queste assicurazioni.

I rischi della DeFi
Quando si utilizza la DeFi, ci sono diversi rischi dietro l'angolo. Questo perché la DeFi si basa su contratti intelligenti. Si tratta di script automatizzati che vengono eseguiti sulla blockchain. Tali contratti intelligenti elaborano grandi quantità di criptovalute, o in alcuni casi le detengono.

Nel momento in cui qualcosa va storto all'interno di uno smart contract, nessuno può risolvere il problema. Questo perché tutto avviene in modo completamente automatico e viene registrato direttamente sulla blockchain. Le transazioni sono irreversibili, quindi un errore non può essere annullato.

Quando si utilizza un protocollo DeFi, si deve sempre tenere conto della perdita di denaro dovuta a errori in uno smart contract. E se si perde denaro, questo è ovviamente molto deludente. Non c'è nulla che si possa fare, tranne che non utilizzare la piattaforma.

Fortunatamente esistono soluzioni per questo tipo di rischio. Diverse compagnie hanno ideato un'assicurazione speciale in grado di coprire questo tipo di perdite.

Che cos'è l'assicurazione DeFi?
L'assicurazione DeFi, o assicurazione DeFi, è un'assicurazione che vi copre contro i rischi della DeFi. Come avete appena letto, l'utilizzo di un protocollo DeFi non è del tutto privo di rischi o pericoli. C'è sempre la possibilità che qualcosa vada storto, facendovi perdere la scommessa.

Le assicurazioni DeFi vengono eseguite come dApp sulla blockchain. In questo modo, è possibile monitorare gli hack o gli errori sulla blockchain. Alcuni protocolli hanno uno strumento integrato in grado di monitorare hack ed errori. In questo modo, è possibile determinare esattamente la quantità di criptovaluta persa.

Poiché tali polizze assicurative sono gestite sulla blockchain, non esiste un soggetto centrale che possa provvedere al pagamento dei sinistri. Sono invece altre persone a occuparsene. Naturalmente, il modo in cui ciò avviene e funziona esattamente varia rispetto all'assicurazione DeFi.

Nexus Mutual (NXM)
Nexus Mutual è un'applicazione che gira sulla blockchain di Ethereum (ETH). Si potrebbe pensare a una compagnia assicurativa decentralizzata. Tuttavia, a differenza delle compagnie assicurative centrali, Nexus Mutual non ha scopo di lucro. È una mutua, il che significa che la società è di proprietà degli assicurati. Tutti i profitti saranno distribuiti tra loro.

Acquistando un'assicurazione da Nexus Mutual, potete proteggervi dagli errori di codice nelle applicazioni DeFi. Se perdete denaro durante un token swap a causa di un errore di UniSwap, Nexus Mutual vi risarcirà della perdita.

Come funziona Nexus Mutual?
Innanzitutto, sul sito web di Nexus Mutual si deve specificare il protocollo che si desidera assicurare. Potete scegliere tra molte applicazioni DeFi, come Aave, Balancer o UniSwap. Successivamente, dovrete pagare l'assicurazione e depositare una garanzia. Tutti i

pagamenti degli assicurati vengono conservati in un pool.

Nel momento in cui si subisce un danno, è possibile presentare una richiesta di risarcimento. La rete voterà poi sulla validità della richiesta. Gli utenti che tentano di frodare vengono puniti duramente: la garanzia collaterale viene tolta. Quindi non conviene cercare di imbrogliare.

Nel processo, è impossibile imbrogliare. Tutti gli eventi sono memorizzati sulla blockchain, quindi si può sempre vedere cosa è successo in passato. Non è possibile, da soli, modificare la storia della blockchain. Per farlo bisognerebbe possedere più del 51% della rete, cosa tecnicamente impossibile in molti casi.

Nel momento in cui si acquista l'assicurazione e si presenta una richiesta di risarcimento valida, il protocollo coprirà il danno. Il danno è coperto dal pool. L'importo viene inviato sotto forma di token NXM al vostro indirizzo di portafoglio. È quindi possibile convertire i token in altre criptovalute o in valuta fiat.

È possibile annullare l'assicurazione in qualsiasi momento. In tal caso, vi verrà rimborsata la garanzia che avete versato all'indirizzo del vostro portafoglio.

Nexus Mutual Exchange Copertura di custodia
È inoltre possibile ottenere un'assicurazione da Nexus Mutual contro la perdita di criptovalute in caso di

hackeraggio di un portafoglio o di una borsa. È possibile presentare una richiesta di risarcimento quando si è perso più del 10% del proprio patrimonio o non si è riusciti a effettuare una transazione sulla piattaforma per più di 90 giorni.

È possibile stipulare un'assicurazione Custody Cover per Celsius, BlockFi, Nexo, inLock, Ledn, Hodlnaut, Coinbase, Kraken e Gemini.

Gettone NXM
Nexus Mutual ha un proprio token NXM. È possibile utilizzare il token per coprire gli smart contract. NXM ha funzioni di governance e, in qualità di proprietario di un token NXM, potete anche verificare la validità delle richieste.

Come si può utilizzare Nexus Mutual?
È possibile utilizzare Nexus Mutual navigando prima sulla piattaforma. Per farlo, cliccate qui.
Successivamente, dovrete collegare il vostro portafoglio di criptovalute esterno e selezionare un protocollo e un pacchetto assicurativo. Quindi, seguire i passaggi per l'acquisto dell'assicurazione.

Rete NSure
NSure Network è una piattaforma assicurativa aperta per l'Open Finance. È probabile che per voi non significhi molto. Forse avete sentito parlare dei Lloyd's di Londra. Si tratta di un mercato in cui i rischi assicurativi possono essere rivenduti.

In questo mercato, gli emittenti assicurativi possono rivendere le polizze. Se ritenete che il rischio di un sinistro sia basso, potreste acquistare una polizza di questo tipo. Riceverete il premio pagato dall'assicurato, ma dovrete anche sostenere gli eventuali costi.

Il commercio di assicurazioni può essere redditizio, ma è anche molto rischioso. Infatti, potrebbe costarvi molto denaro se qualcuno dovesse presentare una richiesta di risarcimento per la sua assicurazione. Se siete l'acquirente della polizza, siete legalmente obbligati a coprire l'importo richiesto.

Come funziona la rete NSure?
Il protocollo decentralizzato di NSure consente a chiunque di acquistare assicurazioni o di coprire i rischi per gli assicurati. Come fornitore di capitale, potete vedere sulla piattaforma che tipo di assicurazione le persone vorrebbero avere. Quindi può decidere di puntare i token NSURE su una richiesta di assicurazione che sembra interessante. Una richiesta di questo tipo può essere interessante se si prevede un rischio ridotto. Riceverete ricompense giornaliere sotto forma di gettoni NSURE quando coprirete il rischio di qualcuno.

Prima di poterlo fare, tuttavia, è necessario garantire una garanzia collaterale. In questo modo il protocollo sa con certezza che sarete in grado di coprire un'eventuale perdita. Perché se qualcosa dovesse andare storto, sarete voi, in qualità di prestatore, a doverne pagare i costi. In pratica, il rischio viene spostato dall'utente al prestatore. Il prestatore, tuttavia, può guadagnare un bel guadagno sul rischio coperto.

Il costo da pagare in qualità di assicurati è determinato dalla domanda e dall'offerta. Quando un gran numero di persone vuole coprire il rischio degli assicurati, questi ultimi pagano un prezzo più basso. Ciò significa anche che i finanziatori riceveranno una remunerazione inferiore.

Token NSURE
La rete NSure dispone di un token NSURE. Questo token svolge un ruolo importante all'interno del protocollo, come avete appena letto. Inoltre, NSURE ha anche una funzione di governance e i proprietari possono avere voce in capitolo nell'organizzazione e nel futuro del protocollo. NSURE può ovviamente essere utilizzato anche per la speculazione sui prezzi.

Come si può utilizzare la rete NSure?
È possibile utilizzare NSure Network navigando prima sulla piattaforma. Per farlo, cliccate qui.
Successivamente, dovrete collegare il vostro portafoglio di criptovalute esterno (a scelta tra Metamask o Wallet Connect) e selezionare un protocollo e un pacchetto assicurativo. Quindi, seguire i passaggi per l'acquisto dell'assicurazione.

Facilità

Ease è un protocollo che consente di acquistare un'assicurazione contro la perdita di denaro attraverso i protocolli DeFi. Questo progetto era precedentemente chiamato ArmorFi, ma ha cambiato nome e marchio all'inizio del 2022. Gli utenti possono proteggersi da hacking, truffe e back pulling attraverso Ease. Secondo Ease, possono farlo in modo più semplice, sicuro ed efficace rispetto a molti altri protocolli assicurativi.

Altri protocolli assicurativi richiedono la costituzione di una garanzia collaterale. Questa garanzia deve essere pari al valore dei gettoni che state assicurando. Nel momento in cui la garanzia diminuisce di valore o i gettoni coperti aumentano di valore, dovrete sottoscrivere un nuovo piano assicurativo.

Ciò fa sì che questo tipo di applicazione possa essere utilizzata solo da una piccola parte dei trader di criptovalute. Questo perché è necessario essere in possesso di una grande quantità di denaro prima di potersi assicurare contro i rischi. Ease ha proposto una soluzione chiamata Uninsurance.

Come funziona la Disassicurazione?
La copertura dei danni DeFi è ciò che fa Ease con Uninsurance. In precedenza, questa soluzione si chiamava Armor Smart Cover. Tutti gli asset coperti dall'ecosistema fungono immediatamente da garanzia. Di conseguenza, i partecipanti non devono fornire ulteriori garanzie e tutti possono partecipare a Ease.

La garanzia collaterale sarà sempre sufficiente. Questo perché il valore dei beni coperti è pari al valore della garanzia totale. In questo modo, Ease vuole essere un protocollo assicurativo che si rende il più semplice possibile.

Nel momento in cui si verifica un hack, i beni delle vittime vengono immediatamente liquidati per compensare la perdita.

È possibile partecipare a Uninsurance senza dover pagare per i servizi. Questo perché i beni di tutti i partecipanti fungono direttamente da garanzia, quindi non è necessario pagare commissioni. È possibile annullare l'assicurazione rimuovendo i propri beni.

Gettone ARMOR
L'ecosistema Ease utilizza ancora il token ARMOR per le funzioni di governance. In futuro, ARMOR sarà convertito nel token EASE. Non si sa ancora quando ciò avverrà.

Come si usa Ease?
È possibile utilizzare Ease navigando prima sulla piattaforma. Per farlo, cliccate qui. Successivamente, dovrete collegare il vostro portafoglio di criptovalute esterno e selezionare un protocollo e un pacchetto assicurativo. Quindi, seguire i passaggi per l'acquisto dell'assicurazione.

L'utilizzo di un protocollo o di una piattaforma DeFi non è del tutto privo di rischi. C'è sempre la possibilità di perdere denaro. Tutti i prodotti DeFi utilizzano contratti intelligenti e qualcosa può andare storto. Poiché la tecnologia blockchain è irreversibile e decentralizzata, gli errori non possono essere corretti.

Fortunatamente, è possibile ottenere un'assicurazione contro questo tipo di rischio da Nexus Mutual, NSure Network ed Ease. Con questi tipi di protocolli, dovrete preoccuparvi un po' meno dei rischi, anche se è importante essere sempre consapevoli dei rischi a cui si va incontro.

La moneta stabile più sicura

Le stablecoin sembrano semplici, ma sono disponibili in tutte le forme e dimensioni diverse. Pertanto, può essere difficile scegliere quale sia la migliore stablecoin da utilizzare.

Naturalmente, preferireste usare una moneta stabile che sia facile da usare, ma che sia una delle monete cripto stabili più sicure al mondo.

In questo capitolo vi parleremo delle stablecoin più popolari che potreste utilizzare. Inoltre, approfondirò il modo in cui ciascuna stablecoin è sostenuta e la sua sicurezza.

Che cos'è una stablecoin?
Le Stablecoin sono criptovalute che hanno sempre un valore stabile. Questo valore è legato al prezzo di un'altra attività.

Nella maggior parte dei casi, si tratta di una valuta fiat. Ad esempio, il valore di una stablecoin può essere sempre uguale all'euro o al dollaro USA, il che significa che una stablecoin vale anche un euro o un dollaro.

Una stablecoin deve essere sostenuta da un'attività sottostante. In molti casi non importa quale sia l'attività sottostante, purché il valore totale sia pari alla domanda.

Questo perché la domanda e l'offerta devono essere uguali per garantire la stabilità.

Quali sono le stablecoin?

Oggi è possibile scegliere tra un gran numero di monete stabili. Può essere difficile scegliere tra questa vasta offerta. Per non parlare di sapere quale sia la stablecoin più sicura. Di seguito vi illustriamo quali sono le stablecoin più popolari, come funzionano e in che modo sono sostenute.

Tether (USDT)

Tether (USDT) è la stablecoin più popolare al mondo. Questa stablecoin è stata per anni una delle 5 maggiori criptovalute, in base alla capitalizzazione di mercato. Tether riflette il prezzo del dollaro USA, come la maggior parte delle altre stablecoin.

Tether è stato lanciato dall'omonima società nel 2014 come Realcoin. All'epoca, Tether funzionava sulla blockchain di Bitcoin insieme alla piattaforma Omni. Non molto tempo dopo, il nome di Realcoin è stato cambiato in USTether, per poi essere nuovamente cambiato in USDT poco dopo. Come probabilmente saprete, Tether non è attualmente disponibile solo sulla blockchain di Bitcoin. È ora possibile negoziare questa criptovaluta sulla blockchain di Ethereum, EOS, Algorand, OMG e TRON.

Tether è sicuro?

Nel 2020, Tether ha fatto notizia quando è stato rivelato che la maggior parte dei token USDT era sostenuta da denaro di banche commerciali. Si trattava di almeno il 97% delle monete in circolazione.

La moneta bancaria commerciale è un denaro che non esiste fisicamente, ma che si trova solo come numero in un conto bancario. In molti casi, la moneta della banca commerciale è considerata meno sicura rispetto al contante. Tether ha quindi indicato di convertire il denaro della banca commerciale in contanti.

In passato, USDT è sceso a un valore di 0,88 dollari, che è anche lo stesso ATL (all-time-low) di USDT.

Alcuni esprimono preoccupazione per la sicurezza di Tether. Tuttavia, finora non è mai andato storto e Tether indica che in futuro si renderà ancora più sicuro.

Moneta USD (USDC).
La Moneta USD (USDC) è ancorata al dollaro USA. Lanciata nel 2018, questa stablecoin è ora disponibile su oltre 30 blockchain, tra cui quella di Solana, Algorand, Binance Smart Chain e Fantom.

Circle e Coinbase sono le società che hanno sviluppato USD Coin. Hanno creato questa stablecoin perché volevano emettere una criptovaluta stabile e sicura che fosse anche facile da usare. Pertanto, hanno reso la stablecoin disponibile su un gran numero di blockchain.

In base alla capitalizzazione di mercato, USD Coin è la seconda più grande moneta stabile al mondo.

Quanto è sicura USD Coin?

Finora non sono stati riscontrati problemi di rilievo con USD Coin. Nel 2020, i fondatori di USD Coin hanno indicato che ci sarebbe stato un importante aggiornamento del protocollo e dei contratti intelligenti di USD Coin. Questi aggiornamenti avrebbero dovuto rendere più semplice l'utilizzo di USDC. Gli utenti dovrebbero essere in grado di utilizzare USD Coin per i pagamenti quotidiani senza doversi preoccupare della sicurezza.

Il valore della Moneta USD è sostenuto dal contante. La quantità di contanti che USD Coin ha in riserva è pari al numero di monete USDC emesse. In questo modo, il valore stabile dell'USDC è garantito.

Binance USD (BUSD)

La borsa criptovalutaria Binance ha emesso una stablecoin insieme a Paxos che funziona sulla Binance Chain. Binance USD (BUSD) è negoziabile dal 2019 e il suo valore è ancorato al dollaro USA. BUSD è emesso come token ERC20 e BEP2, il che significa che può essere utilizzato anche su altre blockchain, come Ethereum.

Binance USD (BUSD) è una stablecoin sicura?

BUSD è approvato dal New York State Department of Financial Services (NYDFS) ed è anche regolamentato da questa organizzazione. Ogni mese il rapporto di revisione mensile di BUSD viene pubblicato sul sito web di Binance. In questo rapporto si possono trovare gli sviluppi di BUSD, come il numero totale di stablecoin emesse e la loro copertura. Binance è quindi molto trasparente su BUSD e vuole garantire che le persone abbiano fiducia in esso.

Paxos assicura che i dollari siano tenuti in riserva per garantire un valore costante. Queste riserve sono detenute da una banca statunitense e dai Treasury degli Stati Uniti.

Finora non ci sono stati problemi con la sicurezza di Binance USD. Nel frattempo, BUSD è una delle monete stabili più popolari al mondo.

Dai (DAI).
La blockchain di Ethereum è gestita da DAI. Si tratta di una moneta stabile che ha lo stesso valore del dollaro USA. Tuttavia, il valore non è coperto dai dollari americani. Viene mantenuto uguale e coperto dalle criptovalute tramite il protocollo Maker e MakerDAO.

Il Protocollo Maker assicura che un certo numero di criptovalute sia detenuto in uno smart contract. Il valore di queste criptovalute deve essere pari al numero totale di stablecoin DAI emesse. Pertanto, il protocollo acquista e vende costantemente criptovalute. Questo non tiene conto solo del numero di stablecoin in circolazione.

Naturalmente, anche il valore delle criptovalute detenute può cambiare. Pertanto, il protocollo dovrà garantire la stabilità su più fronti.

DAI è una stablecoin sicura?
Il valore di DAI è coperto da altre criptovalute. Un algoritmo automatizzato assicura che la domanda e l'offerta rimangano invariate, dando a DAI un valore costante di 1 dollaro. Nonostante DAI funzioni in modo completamente diverso dalla maggior parte delle monete stabili, finora non sono stati riscontrati problemi con DAI.

TerraUSD (UST)
TerraUSD (UST) è la stablecoin emessa da Terraform Labs. Il valore di questa stablecoin è mantenuto stabile da Terra (LUNA).

Si tratta di un protocollo che garantisce la copertura di UST da parte di LUNA. Quando la domanda di UST aumenta, i proprietari di LUNA sono incoraggiati a scambiare i loro LUNA con UST. In cambio ricevono più UST che LUNA, rendendo finanziariamente interessante lo scambio di token.

Quando la domanda di UST diminuisce, i proprietari di UST sono incoraggiati a scambiare i loro UST con LUNA. In questo modo, la copertura degli UST viene mantenuta pari al numero di gettoni UST emessi.

TerraUSD (UST) è sicura?

A metà maggio 2022 è diventato chiaro che TerraUSD non è una stablecoin sicura. Il valore della stablecoin è crollato e molte persone hanno deciso di vendere i token LUNA. Ciò ha causato la caduta di LUNA. Il calo è stato così rapido che il protocollo di Terra non è riuscito a bruciare UST abbastanza velocemente. Il risultato: sia UST che LUNA sono scesi di valore ancora più rapidamente.

Il 13 maggio 2022, il team dietro Terra ha deciso di mettere in pausa la blockchain. Volevano impostare un piano d'azione prima di andare avanti. Non è ancora chiaro se riuscirà a far funzionare nuovamente TerraUSD. La domanda più grande è se riuscirà a far sì che le persone si fidino di nuovo di Terra e di TerraUSD.

TrueUSD (TUSD)

TrueUSD (TUSD) è una moneta stabile emessa dalla società TrustToken. Il valore di TUSD è sempre ancorato al dollaro USA ed è sostenuto da dollari. Tutti i token TUSD sono emessi tramite uno smart contract sulla piattaforma di TrustToken. La società ha come partner diverse banche che detengono dollari per il numero di token emessi.

Nel 2019, TrueUSD è diventata la prima moneta stabile al mondo a emettere verifiche in tempo reale. È possibile per chiunque vedere lo stato di TrueUSD sulla piattaforma TrustToken. Questo dimostra che

TrustToken è quindi aperto e trasparente riguardo a TrueUSD.

TrueUSD (TUSD) è una moneta stabile sicura?
Dal suo lancio nel 2018, TrueUSD non ha avuto alcun problema. TrustToken è stata anche molto aperta sulla copertura di TrueUSD finora. La stablecoin è interamente sostenuta da dollari, che sono tenuti in riserva dalle banche. Sulla piattaforma di TrustToken è possibile vedere quanti dollari sono in riserva e quindi sapere se TrueUSD è sufficientemente coperto.

Allo stesso tempo, TrueUSD è una moneta stabile meno conosciuta. Pertanto, potrebbe essere saggio fare una buona ricerca su questa stablecoin, prima di decidere di spostare i propri beni su questa valuta.

USDD (USDD)
USDD (USDD) è una delle più recenti stablecoin che incontrerete in questo capitolo. Questa stablecoin è stata emessa nel maggio 2022 dalla TRON DAO Reserve e funziona sulla blockchain di TRON. TRON ha inserito nella stablecoin un meccanismo che garantisce che USDD si mantenga sempre stabile. Il valore è ancorato al dollaro USA.

USDD è sicuro?
Il valore di USDD è sostenuto dalla riserva TRON DAO. Questo fa di USDD la prima moneta stabile al mondo sostenuta da una riserva crittografica. Poiché USDD è stata appena lanciata, non è ancora chiaro se sia sicura.

Ci vorrà del tempo prima di sapere se USDD contiene delle vulnerabilità o se è resistente a tutti i tipi di attacchi. Pertanto, non fa male essere prudenti e fare ricerche approfondite su USDD prima di decidere di acquistare questa moneta stabile.

Sono disponibili molte diverse stablecoin. Ogni stablecoin funziona in modo diverso ed è anche supportata in modo diverso. Questo può rendere alcune stablecoin più sicure di altre. È saggio fare sempre una ricerca sul funzionamento di una stablecoin, prima di decidere di far proteggere i propri beni da questa stablecoin.

La mentalità dell'investimento

Le persone non sono così razionali come spesso crediamo di essere, e questo è ancora più vero quando si tratta di questioni finanziarie e di incertezze. Poiché il mondo è così complesso, ci troviamo di fronte a più informazioni di quante ne possiamo elaborare consapevolmente. Il nostro cervello prende quindi delle scorciatoie, facendo sì che le decisioni non vengano prese dal nostro processo di pensiero cosciente. Questo può portare a errori psicologici di pensiero, che alla fine possono portare a prendere decisioni sbagliate.

Questo capitolo illustra le intuizioni chiave per fare scelte in tempi incerti e discute 10 comuni errori di pensiero psicologico che possono giocare un ruolo nel trading di criptovalute o NFT.

Decisioni
Prima di parlare di decisioni, è bene considerare il concetto di decisione. Che cos'è esattamente una decisione?

Che cos'è una decisione?
Nel libro "Rational Choice in an Uncertain World", Hastie & Dawes descrivono una decisione come una risposta a una situazione che consiste in tre diverse componenti:

In primo luogo, deve esserci una situazione di incertezza.

In secondo luogo, devono esserci almeno due scelte diverse.

In terzo luogo, devono esserci conseguenze positive e negative associate alle scelte.

Una decisione è quindi una risposta a una situazione di incertezza, in cui esistono scelte multiple che possono avere conseguenze sia positive che negative.

Un esempio:

Dopo tante belle storie di amici e informazioni lette su Internet, volete iniziare a investire in criptovalute nella speranza di ottenere un profitto. Scegliete il Bitcoin (BTC). Nelle ultime settimane il Bitcoin non ha fatto altro che salire. Da un lato, potrebbe essere in arrivo una correzione, ma dall'altro, il Bitcoin è attualmente così rialzista che il rialzo potrebbe anche continuare per un po'. Ora vi trovate di fronte a una scelta importante: acquistare subito le criptovalute o aspettare un po'?

Se si acquistano le criptovalute ora, le conseguenze sono due: il prezzo sale ulteriormente e si ottiene un profitto (positivo) o il prezzo scende e si subisce una perdita (negativo). D'altra parte, si può anche aspettare un po' prima di acquistare le criptovalute, ma anche questo ha delle conseguenze: il prezzo sale ulteriormente, rendendo le criptovalute più costose (negativo) o il prezzo scende, rendendo le criptovalute più economiche (positivo).

Di solito, prendere una decisione significa soprattutto soppesare le conseguenze positive e negative delle possibili scelte. La scelta di effettuare un determinato investimento dipende quindi dalle aspettative del prezzo in quel momento, dal rendimento atteso e dall'atteggiamento e dalla conoscenza dei rischi connessi a ciò in cui si vuole investire.

La domanda successiva è come prendere una decisione del genere.

Come prendiamo le decisioni?
Esistono diverse teorie che spiegano come prendiamo le decisioni. In questo capitolo discutiamo la teoria del doppio processo di Daniel Kahneman.

Daniel Kahneman è professore emerito di psicologia e affari pubblici presso la Princeton School of Public and International Affairs dell'Università di Princeton. È uno dei principali pionieri dell'interfaccia tra psicologia ed economia e nel 2002 è stato il primo psicologo a vincere il Premio Nobel per l'economia per aver integrato le intuizioni psicologiche con la scienza economica, in particolare per quanto riguarda il processo decisionale umano in condizioni di incertezza. Kahneman è quindi uno degli psicologi più influenti al mondo e nel 2011 ha scritto il bestseller "Thinking, Fast and Slow". In questo libro dimostra che gli esseri umani sono esseri irrazionali, distinguendo due sistemi di pensiero: il pensiero veloce e il pensiero lento.

La teoria del processo duale

La teoria del doppio processo di Kahneman è una teoria
di base del processo decisionale. Secondo questa teoria,
prendiamo le decisioni sulla base di due sistemi
cognitivi:

Sistema 1 Pensiero veloce: veloce, automatico,
inconscio.
Sistema 2 Pensiero lento: lento, deliberato,
consapevole.
Secondo Kahneman, abbiamo due diversi sistemi di
pensiero. Il pensiero veloce è un modo di pensare
irrazionale, veloce e intuitivo, mentre il pensiero lento è
un modo razionale, lento e deliberato.

Entrambi i sistemi sono molto utili nella pratica, ma
spesso arriviamo a decisioni errate utilizzando il modo
di pensare sbagliato, senza rendercene conto. Quando
ci affrettiamo a prendere una decisione su una
questione complicata, lo facciamo attraverso il sistema
1. Questo può portare a errori psicologici di pensiero,
che alla fine si traducono in decisioni sbagliate.
Utilizzando il sistema 2 per prendere una decisione
informata, questo problema può essere evitato.
Tuttavia, il libro di Kahneman dimostra che quando
prendiamo decisioni importanti, spesso pensiamo di
utilizzare il sistema 2, mentre in realtà non è così. Il
nostro cervello prende quindi delle scorciatoie per
evitare di sprecare energia preziosa, facendo sì che le
decisioni non vengano prese dal nostro processo di
pensiero cosciente. La conclusione è che usiamo il

sistema 1 molto più spesso di quanto ci rendiamo conto.

Euristica ed errori di pensiero
Come appena spiegato, le decisioni affrettate che utilizzano il sistema 1 possono portare a errori psicologici di pensiero, facendoci prendere decisioni sbagliate. Di seguito viene spiegato esattamente come funziona questo processo.

Le persone non sono così razionali come spesso siamo portati a credere. Numerose ricerche hanno dimostrato che le persone calcolatrici e razionali, l'homo economicus, non sono altro che un mito. Poiché il mondo è così complesso, ci troviamo di fronte a più informazioni di quante ne possiamo elaborare consapevolmente. Questo è ancora più vero quando si tratta di questioni finanziarie e di incertezze.

Si inizia con l'euristica. Un'euristica è la procedura per trovare una risposta adeguata, ma di solito imperfetta, a una domanda complessa in modo semplice. In questo modo, una domanda complessa viene sostituita da una domanda semplice. Questo è efficiente, ma non sempre corretto.

Dall'uso delle euristiche possono poi derivare pregiudizi cognitivi, errori di pensiero. Si tratta di non applicare una regola logica, anche se è chiaramente rilevante in un caso particolare. Infine, questi errori di pensiero possono portare a decisioni sbagliate.

Non è facile prevenire gli errori di pensiero, poiché il sistema 1 funziona in modo automatico e quindi non siamo sempre consapevoli dei possibili errori. Se l'errore di pensiero è ancora evidente, può essere evitato grazie a un ulteriore controllo da parte del sistema 2. È quindi particolarmente utile riconoscere le situazioni in cui possono verificarsi errori di pensiero, in modo da prenderne coscienza.

La sezione seguente fornisce 10 esempi di euristiche ed errori di pensiero che possono avere un ruolo nelle decisioni prese quando si fa trading di criptovalute o NFT.

Esempi di errori di pensiero psicologico

Effetto di ancoraggio
L'effetto ancoraggio è una fallacia psicologica che ci porta a fare eccessivo affidamento sulla prima informazione che riceviamo su un soggetto. Quando formuliamo un particolare giudizio, interpretiamo le nuove informazioni a partire dal punto di riferimento della nostra "ancora", anziché vederle in modo oggettivo. Questo può distorcere il nostro giudizio e impedirci di aggiornare continuamente le nostre previsioni.

Ad esempio, se per la prima volta si leggono informazioni secondo cui una nuova criptovaluta avrà un grande successo e varrà sicuramente 100 dollari, questo effetto può indurre a prendere meno sul serio altre informazioni negative sulla valuta - ad esempio, una stima di un valore massimo di solo 1 dollaro - lette successivamente. Il numero 100 viene quindi utilizzato nella nostra mente come "ancora di paragone" per la stima che facciamo, mentre quel numero non deve essere per forza rilevante o è addirittura del tutto inaspettato.

Euristica della disponibilità

L'euristica della disponibilità descrive la nostra tendenza a utilizzare esempi che ci vengono in mente rapidamente e facilmente quando prendiamo decisioni sul futuro. Quando riusciamo a ricordare qualcosa di specifico, gli diamo più peso rispetto a dati più recenti, il che può portare a valutare male rischi e opportunità.

Ad esempio, se scegliete di investire specificamente nel Bitcoin perché pensate di poterne trarre un grande profitto, perché avete letto su tutti i media che questa criptovaluta è salita alle stelle negli ultimi anni. D'altra parte, se aveste basato la vostra scelta su un'analisi approfondita delle opzioni, sarebbero potute emergere altre criptovalute che vi avrebbero permesso di ottenere un profitto molto maggiore, perché avevano un potenziale di crescita ancora maggiore del Bitcoin. In questo modo, la vostra stima è influenzata e le opportunità di investimento sono limitate.

Effetto bandwagon

L'effetto bandwagon è una fallacia psicologica per cui le persone fanno qualcosa principalmente perché gli altri lo fanno. Le scelte vengono allineate a ciò che fanno gli altri e le proprie convinzioni vengono ignorate nel processo. Si tratta anche del cosiddetto comportamento del gregge.

Vediamo questo fenomeno, ad esempio, quando le persone acquistano monete cripto o NFT solo a causa del clamore e della FOMO. Effettuano l'acquisto senza fare alcuna ricerca, sperando di guadagnare rapidamente. Purtroppo, questo si rivela spesso sbagliato, causando perdite.

Pregiudizio di conferma
Il pregiudizio di conferma descrive la nostra tendenza a concentrarci maggiormente sulle informazioni che si adattano alle nostre convinzioni e ad attribuire loro un valore maggiore. In questi casi, si cercano le informazioni che confermano le opinioni esistenti e si ignorano i dati che le confutano. Le decisioni vengono quindi distorte in base ai nostri pregiudizi cognitivi.

Ciò accade, ad esempio, quando siamo molto ottimisti su una particolare criptovaluta e filtriamo le informazioni negative utili che non corrispondono alle nostre idee. Questo può portarci a non considerare i rischi seri nelle decisioni.

Effetto struzzo

L'effetto struzzo si riferisce all'ignorare le informazioni negative quando si prendono decisioni, nascondendo per così dire la testa sotto la sabbia. Questo effetto prende il nome dalla favola sul comportamento di volo dello struzzo, che metterebbe la testa sotto la sabbia per evitare di vedere il nemico, supponendo che anche il pericolo non sarebbe in grado di vedere lo struzzo.

Ciò si riflette nella pratica nella tendenza degli investitori a evitare le informazioni negative. Ad esempio, uno studio ha rilevato che durante i mercati ribassisti gli investitori sono meno propensi a guardare il valore dei loro investimenti.

Pregiudizio sul risultato
L'outcome bias si riferisce al giudizio di una decisione in base al risultato (già noto), senza considerare la qualità della decisione che l'ha preceduta e le informazioni che erano note in precedenza. In questo modo, la correttezza di una decisione viene giudicata esclusivamente sulla base delle sue conseguenze e tiene conto di informazioni che non erano disponibili in precedenza. Il fatto che si sia ottenuto un risultato positivo non significa che la decisione sia stata giusta. Il rischio è quello di prendere decisioni successive sulla base delle conseguenze positive, che potrebbero rivelarsi molto diverse.

Ad esempio, se avete investito in una shitcoin perché era stata pubblicizzata e avete ottenuto molti profitti, non significa che sia stata una decisione intelligente e

che in futuro otterrete di nuovo molti profitti in questo
modo.

Effetto overconfidence

L'effetto overconfidence significa che alcune persone
hanno troppa fiducia nelle proprie capacità, il che le
porta a correre rischi maggiori nella vita di tutti i giorni.

Lo vediamo, ad esempio, nei trader che presentano il
proprio modo di fare trading e le proprie strategie come
il mezzo per ottenere profitti improbabili ma desiderati,
senza considerare i rischi connessi.

Pregiudizio a favore dell'innovazione

Il bias pro-innovazione implica la tendenza di un
sostenitore di un concetto innovativo a sopravvalutare
la sua utilità e a sottovalutare i suoi limiti o a non
vederli affatto.

Ad esempio, i nuovi progetti di criptovalute o NFT sono
spesso promossi come innovativi, di tendenza e come
un nuovo "hype", per cui gli investitori non considerano
i loro limiti o le loro debolezze. Il fatto che un certo
progetto sia innovativo non significa che sia ben
costruito o che il team sia affidabile, anche se questi
sono punti importanti da considerare quando si vuole
investire in qualcosa.

Pregiudizio di sopravvivenza

Il pregiudizio di sopravvivenza è una fallacia psicologica
che deriva dal concentrarsi solo sugli esempi di

"sopravvissuti", inducendoci a giudicare male una situazione. Si considerano solo i risultati positivi, che spesso sono solo una piccola percentuale dell'insieme. Così la grande percentuale di risultati negativi viene dimenticata e non presa in considerazione al momento di prendere una decisione.

Ad esempio, si può pensare che sia facile guadagnare molto denaro con le criptovalute o gli NFT, perché spesso si sentono solo storie di successo. Tuttavia, una buona parte di essi subisce anche delle perdite.

Pregiudizio a rischio zero
Il pregiudizio del rischio zero è una fallacia psicologica che ci porta a preferire la certezza assoluta al rischio quando prendiamo una decisione, anche se è svantaggiosa. In questo processo, le persone preferiscono eliminare completamente il rischio, evitando alternative più rischiose che potrebbero portare a risultati migliori. Questo può portare a risultati più negativi, perché si potrebbero ottenere risultati migliori se si corressero dei rischi.

In altre parole, l'assunzione di rischi può produrre benefici maggiori di quelli che si ottengono evitando completamente i rischi. Anche Elon Musk lo ha sottolineato in precedenza:

 C'è un enorme pregiudizio contro l'assunzione di rischi. Tutti cercano di ottimizzare la propria copertura del culo.

Ad esempio, quando all'inizio del 2018 è entrato in scena il mercato orso, si è scatenato il panico e molte persone hanno venduto i loro Bitcoin in fiat per coprire completamente i rischi. Tuttavia, molte persone hanno subito grosse perdite, mentre se non avessero venduto le loro criptovalute in quel momento avrebbero ottenuto molti profitti ora.

Questo capitolo ha spiegato perché facciamo scelte sbagliate e ha fornito diversi esempi di errori psicologici nel trading di criptovalute e NFT. Non è facile evitare questi errori, perché, anche se pensiamo di pensare bene, possiamo sbagliare in modi prevedibili.

È quindi particolarmente utile riconoscere le situazioni in cui possono verificarsi errori di pensiero psicologico, in modo da prenderne coscienza ed evitare le insidie per prendere decisioni di migliore qualità. Assicuratevi quindi di approfittarne!

Prestiti sottocollateralizzati

Quando si vuole prendere in prestito delle criptovalute su una piattaforma creata a tale scopo, spesso è necessario garantire delle garanzie. Questo perché non c'è un intermediario, quindi gli utenti devono potersi fidare l'uno dell'altro. Tuttavia, questo fa sì che non tutti possano prendere in prestito cripto. Nella maggior parte dei casi, i ricchi possono prendere in prestito ancora di più, mentre i poveri sono esclusi.

Molte parti stanno lavorando per trovare soluzioni. Lo stanno facendo sviluppando nuovi protocolli che contribuiscono all'emissione di prestiti sottocollateralizzati. È possibile contrarre un prestito in criptovaluta senza dover pagare tutte (o nessuna) garanzia.

Di seguito vi spiego tutto quello che c'è da sapere sui prestiti sottocollateralizzati. Inoltre, illustro tutte le categorie di "prestiti sottocollateralizzati" e discuto i protocolli che vi appartengono.

Prestito di criptovalute, che dire?
Prendere in prestito e prestare criptovalute è una parte importante della DeFi (Finanza decentralizzata). Esistono molte piattaforme diverse dove è possibile prestare criptovalute ad altri o prendere in prestito criptovalute da altre persone. Quando si presta una criptovaluta, si riceve un interesse sulla criptovaluta prestata. Questo interesse viene pagato dalle persone

che prendono in prestito le criptovalute. Alla fine devono pagare gli interessi sul prestito. In criptovaluta, questo si chiama "prestito".

Cosa sono i prestiti sottocollateralizzati?
I prestiti sottocollateralizzati sono prestiti di criptovalute senza garanzie o con garanzie inferiori al valore degli asset presi in prestito. Normalmente, è necessario detenere criptovalute come garanzia prima di poter ottenere un prestito. Poiché tutto funziona in modo decentralizzato, questo è necessario per creare fiducia. Tuttavia, questo fa sì che non tutti possano chiedere un prestito. Dopotutto, è sufficiente detenere una quantità sufficiente di cripto. Questo crea un divario tra ricchi e poveri.

Con i prestiti sottocollateralizzati, è possibile sia per i ricchi che per i poveri prendere in prestito criptovalute. Secondo molti, i prestiti sottocollateralizzati non sostituiscono i prestiti sovracollateralizzati. Si rivolgono invece a un mercato completamente nuovo e più ampiamente distribuito.

A prima vista, può sembrare impossibile. Dopotutto, come si fa a convincere le persone a prestare le loro criptovalute quando gli altri non devono fornire garanzie o garanzie inferiori? Naturalmente, non si vuole che qualcuno non ripaghi le proprie criptovalute. Eppure, ci sono già diversi protocolli che sono riusciti a farlo.

Quali sono i protocolli per i prestiti sottocollaterali?
Esistono diversi protocolli che offrono prestiti
sottocollateralizzati. Tutti lo fanno in modo diverso,
quindi possiamo classificare questi protocolli in diverse
categorie. Di seguito è possibile vedere quali sono le
categorie e i protocolli a cui appartengono.

Punteggi di credito cripto-nativi
I punteggi di credito nativi della criptovaluta sono ideali
per i prestiti personali e la microfinanza. L'idea alla base
di questo modello è quella di costruire un'identità on-
chain per ogni utente. La storia degli utenti viene
memorizzata, per avere un'idea più precisa del loro
comportamento.

Ciò è necessario per determinare se una persona debba
essere presa in considerazione per un prestito. Se si
scopre che qualcuno non ha pagato (puntualmente)
diverse volte in passato, questi utenti possono essere
esclusi da futuri prestiti. Dopo tutto, nessuno aspetta gli
inadempienti.

Si tratta di dati relativi a prestiti storici, produzione di
rendimenti, attività di trading, partecipazione alla
governance, ecc. Allo stesso tempo, la privacy degli
utenti deve essere sufficientemente garantita. Alcuni
protocolli risolvono questo problema utilizzando
tecnologie come le prove Zk. Le parti autorizzate
possono quindi vedere solo i risultati, mentre gli altri
dati rimangono protetti.

I punteggi di credito cripto-nativi consentono alle persone e ai protocolli di vedere se qualcuno può qualificarsi per un prestito. I protocolli all'interno dei punteggi di credito cripto-nativi contribuiscono allo sviluppo di prestiti sottocollateralizzati.

Si tratta di noti protocolli di accredito crittografico nativo:

LedgerScore (LED);
Credmark (CMK);
EasyFi (EZ);
Ala (WING);
Zoracoli (ZORA);
Arco.
Valutazione del rischio da parte di terzi.
Le valutazioni del rischio da parte di terzi sono ideali per i prestiti personali, la microfinanza e l'intermediazione primaria decentralizzata. Il vantaggio di questo tipo di prestito è che il rischio viene distribuito, lasciando agli utenti un rischio molto più basso. Ciò rende interessante l'utilizzo di valutazioni del rischio di terze parti.

In questo modello, una terza parte (non un mutuatario o un prestatore) chiamata valutatore viene scelta per eseguire una valutazione del credito. Per questo viene ricompensato, ma dovrà anche interrompere alcune attività. In caso di inadempienza, la loro partecipazione sarà tolta per prima.

Questo modello consente di prendere in prestito le criptovalute senza dover pagare l'intera garanzia. Questo apre molte possibilità. Allo stesso tempo, è stato creato un sistema di valutazione del credito sulla catena. Nel caso in cui un utente non riesca a pagare i propri prestiti, questo verrà memorizzato. In questo modo sarà sempre più facile per i revisori del credito rifiutare gli inadempienti.

Lo svantaggio maggiore di questo sistema è nei primi mesi o anni. A quel punto, infatti, non è ancora stato creato un sistema di punteggi di credito, il che rende difficile valutare se una persona possa essere idonea a richiedere un prestito.

Poiché gli utenti non sono tenuti a pagare l'intera garanzia, i prestiti con valutazione del rischio di terzi appartengono ai prestiti sottocollateralizzati.

Si tratta di protocolli di valutazione del rischio ben noti a terzi:

Cardellino (GFI);
Dharma;
Maple (MPL);
TrueFi (TRU);
Sbocciare (BLOOM).
Prestiti Flash
I prestiti flash possono essere utilizzati per l'arbitraggio, gli swap di garanzie e la liquidità. Il vantaggio è che tutte le parti coinvolte recuperano i propri beni quasi

immediatamente e il rischio è minimo. Tuttavia, spesso i prestiti flash non possono essere utilizzati per scopi personali.

Con un prestito lampo i beni presi in prestito devono essere rimborsati nella stessa transazione. Pertanto, non è conveniente quando si desidera ottenere un prestito per un periodo di tempo più lungo. I prestiti flash sono invece ideali per i trader che vogliono sfruttare le piccole fluttuazioni di prezzo tra i diversi DEX in combinazione con una leva finanziaria (margin trading).

Pertanto, con un prestito flash non è necessario garantire garanzie superiori all'importo preso in prestito. Per questo motivo i prestiti flash appartengono ai prestiti sottocollateralizzati.

Si tratta dei cosiddetti protocolli di prestito flash:

Aave (AAVE);
Dydx (DYDX);
Equalizzatore (EQZ).

I protocolli bootstrap della rete personale sono ideali per i prestiti personali. Inoltre, la probabilità di insolvenza con questi tipi di protocolli è incredibilmente bassa. Le persone che vogliono prendere in prestito cripto dovranno prima essere aggiunte dai membri del pool di prestito. Ciò significa che la piattaforma cresce organicamente, proprio come una rete.

C'è molta fiducia tra i membri del pool. Tutti si conoscono, il che rende più facile tenere fuori gli inadempienti. Eppure si potrebbe pensare che sia difficile tenere fuori gli inadempienti in questo modo. Dopo tutto, chiunque può aggiungere e accettare nuovi membri. Molti protocolli lo hanno capito.

Se avete aggiunto un inadempiente, potreste essere sanzionati. Pertanto, invitare persone che non si conoscono può essere uno scherzo costoso. Il rischio è semplicemente troppo grande.

Si tratta di protocolli di avvio della rete personale ben noti:

Acropoli (AKRO)
Unione (UNN)
Aave (AAVE)

Prestiti di attività nel mondo reale
A differenza di altri protocolli, è possibile utilizzare i prestiti per beni reali, ad esempio per un mutuo. In realtà, è possibile utilizzare questo tipo di prestito per qualsiasi bene del mondo reale. Si tratta di un'operazione unica nel suo genere, perché il finanziamento avviene interamente sulla blockchain.

I prestiti di beni reali sono rappresentati come NFT sulla blockchain. I NFT valgono in parte come garanzia per il prestito. Si può quindi fare un paragone con i mutui ipotecari emessi dalle banche. In questo tipo di ipoteca, anche gli edifici sono la garanzia del prestito.

Se l'utente che ha preso in prestito il denaro non è più in grado di pagare il prestito, il denaro può essere restituito con gli NFT. Questi possono essere rivenduti. L'acquirente del NFT acquista quindi il certificato di proprietà del bene reale sottostante.

La sfida più grande riguarda soprattutto la liquidità e la regolamentazione. È facile dire che un certo NFT rappresenta la prova della proprietà di una casa, ma devono essere in vigore leggi e regolamenti locali. Nei Paesi Bassi, ad esempio, i NFT non sono ancora considerati una prova legale della proprietà. Pertanto, molto dovrà cambiare prima che questo tipo di prestiti possa funzionare su larga scala.

Si tratta di protocolli di prestito di beni ben noti nel mondo reale:

Centrifuga (CFG)
OpenDAO (SOS)
RealT (REAL)

NFT come garanzia
Esistono anche protocolli che consentono di utilizzare gli NFT come garanzia per un prestito. Gli NFT sono diventati incredibilmente popolari negli ultimi anni e molti di questi tipi di token sono quindi aumentati di

valore. Può quindi essere interessante utilizzare questi token per i prestiti.

Sebbene sia un'idea unica, resta da vedere se funzionerà. Dopo tutto, il valore di una NFT si basa principalmente sull'hype. Il valore dell'arte NFT può facilmente crollare come un castello di carte. Per questo motivo è difficile attribuire un valore ai NFT che vengono posti come garanzia.

Ciononostante, stiamo assistendo a un crescente interesse per questo tipo di prestiti. Gli NFT sono popolari e le persone preferiscono utilizzarli per il maggior numero possibile di scopi.

Si tratta di NFT ben noti come protocolli collaterali:

Helio (HLO)
Lendroid (LST)
Statista (STR)
Aave (AAVE)
YouHodler
NFTfi

Integrazione del credito fuori catena
Per i prestiti personali e la microfinanza, l'integrazione del credito fuori catena è molto utile. Questo perché questi tipi di protocolli dispongono di molti dati degli utenti e possono stabilire connessioni tra altri protocolli. In questo modo è facile scoprire molte cose su determinati utenti.

Con l'integrazione del credito off-chain, i dati che si trovano sui server centrali vengono integrati nella blockchain. I dati sulle persone disponibili fuori dalla catena sono ovviamente molto più numerosi di quelli disponibili sulla catena. Banche, compagnie assicurative e altre istituzioni finanziarie tengono traccia del comportamento delle persone. Lo fanno per determinare se una persona debba essere autorizzata ad accedere a determinati servizi.

Se si scopre che qualcuno non paga mai le tasse e i premi in tempo, il locatore potrebbe vietare l'accesso a qualcuno. La possibilità che il potenziale inquilino non paghi l'affitto in tempo è troppo alta.

Spostando questo tipo di dati sulla blockchain, è più facile determinare se qualcuno debba essere autorizzato a ottenere un prestito in criptovaluta. Le persone che si rivelano meritevoli di credito non devono fornire alcuna garanzia, o comunque molto meno.

Si tratta di noti protocolli di integrazione del credito fuori catena:

Contatore (TELLER)

Prestiti di beni digitali
I protocolli di prestito di asset digitali sono ideali per il trading con leva finanziaria. Di conseguenza, questi tipi di protocolli sono molto simili ai prestiti flash. La

differenza, tuttavia, è che gli asset acquistati vengono inseriti in un contatto intelligente fino a quando il prestito non viene estinto. Se l'operazione non va bene, il contratto può liquidare la posizione, dopodiché la perdita viene coperta dal protocollo. Quindi l'intero importo viene restituito al prestatore. Il prestatore non deve quindi preoccuparsi del rimborso.

Si tratta di noti protocolli di prestito di asset digitali:

Lendefi (LDFI)

Con i prestiti sottocollateralizzati è molto più facile prendere in prestito le criptovalute. Non è necessario fornire alcuna garanzia (o molto meno). Esistono diverse categorie di prestiti sottocollateralizzati. Ci sono in totale decine di protocolli che vi appartengono, i più importanti dei quali sono stati letti sopra.

Analisi a catena

Se avete intenzione di investire nel mercato delle criptovalute, potete trarre molti vantaggi dall'analisi on-chain. In questo capitolo vi illustrerò cos'è l'analisi dei dati sulla catena, come applicarla e quali indicatori potete utilizzare.

Che cos'è la blockchain?
La tecnologia blockchain sta assumendo un ruolo sempre più importante nelle nostre vite, anche se per molti è ancora un abracadabra.

La blockchain è un database con una catena di blocchi. I blocchi contengono transazioni approvate; con ogni tipo di nuova transazione, nuovi blocchi vengono aggiunti alla catena.

Poiché i blocchi sono approvati da altri utenti, il margine di errore è estremamente ridotto. Una volta eseguite, le transazioni non possono essere annullate, il che aumenta la sicurezza.

Blockchain vs. Crypto
Ora sapete un po' cos'è la blockchain, ma cosa ha a che fare con le criptovalute? Il trading con il denaro richiede un alto grado di sicurezza, che non era completamente coperto nelle prime versioni della blockchain. All'epoca si poteva semplicemente spendere due volte le monete digitali, cosa che ovviamente non era nelle intenzioni.

Un sistema finanziario stabile ha bisogno di una base sicura e di trasparenza. Tracciando i dati, mostrando dove vengono effettuate le transazioni e da chi, è possibile eliminare l'intermediario centrale dal processo. È così che la blockchain ha reso possibile il commercio di criptovalute.

Una blockchain non è altro che una raccolta di transazioni, le cui azioni sono registrate nei blocchi. La sicurezza è garantita dagli hash, che derivano dall'algoritmo Secure Hashing.

Per i dubbiosi e per coloro che dubitano di un sistema finanziario digitale, forse questi grandi investitori vi faranno cambiare idea.

Che cos'è l'analisi on-chain?
Ora siete a conoscenza di alcune conoscenze di base, come ad esempio cos'è la blockchain e come può funzionare un sistema di denaro digitale basato su questa tecnologia. Ma a che punto è meglio entrare, i prezzi sono prevedibili? Cosa fa salire o scendere i prezzi?

L'analisi tecnica studia l'azione dei prezzi, mentre l'analisi fondamentale esamina l'influenza dei fattori esterni sulla valuta. Ma cosa fa l'analisi on-chain? L'analisi on-chain si concentra sull'analisi dei dati della blockchain, in modo da comprendere gli elementi che influenzano l'azione dei prezzi.

Con questi dati è possibile valutare meglio l'andamento del prezzo della valuta digitale, in modo da poter reagire meglio. Questo si chiama anche determinare il sentiment del mercato.

È bene ricordare che il trading di criptovalute è sempre rischioso, proprio come il trading di azioni. Eseguendo delle analisi si può avere un'idea più precisa dello stato economico, del valore della moneta e del potenziale risultato. In questo capitolo mi addentrerò più a fondo nell'esecuzione di analisi on-chain, continuate a leggere?

Indicatori dell'analisi on-chain
Ok, ora conoscete la definizione, ma ora stiamo per fare un'immersione più profonda. Gli indicatori sono molteplici, ma alla fine si riducono a due metriche chiave: il numero di indirizzi di utenti attivi e l'aumento o la diminuzione del numero di transazioni.

Cominciamo con alcuni indicatori di analisi, che indicano chi è attivo nel mercato delle criptovalute e che tipo di azioni sta compiendo. Questi sono tre indicatori popolari, che sono anche ottimi da analizzare con uno strumento come Glassnode:

- CDD - Giorni di monete distrutte
- SOPR - Rapporto di profitto dell'output speso
- SOAB - Bande di età dell'output spento

Oltre a questi tre indicatori on-chain, ne esistono molti altri, come profitti/perdite realizzati, profitti/perdite non realizzati, stablecoin, vivacità, ASOL, NVT, ecc.

Giorni di monete distrutte
Si tratta di una misura utilizzata per calcolare quando è avvenuta l'ultima transazione di una moneta. Più a lungo una moneta rimane inattiva, più questo fattore pesa. Quindi, ogni giorno in cui una moneta non è presente sul mercato conta come un giorno di moneta.

Perché è importante saperlo? Perché se un numero relativamente elevato di monete digitali viene scambiato, significa che qualcosa sta accadendo sul mercato. Può essere positivo o negativo, ma qualcosa sta accadendo. Se il prezzo è in aumento e il CDD è in crescita, ci si può aspettare che i giocatori HODL vogliano approfittarne e consegnare le loro monete per ottenere un grosso profitto.

Se il mercato è in crescita, ma la variazione del CDD è minima, si tratta di un segnale di mercato rialzista. Significa che gli investitori scelgono di mantenere la propria valuta e sono fiduciosi nella loro scelta.

Infine, c'è la tendenza laterale, che si verifica quando non ci sono fluttuazioni di prezzo e il mercato è abbastanza stabile. Se gli investitori riscattano le monete - e quindi il CDD sale - allora hanno perso l'entusiasmo e cercheranno un investimento più interessante.

Calcolo del CDD Incator

Il calcolo del valore dell'indicatore CDD è il seguente: il numero di monete emesse x la durata di vita di queste monete. Un esempio: 3 BTC che sono rimasti inattivi per 100 giorni hanno accumulato complessivamente 300 giorni di monete.

Rapporto di profitto dell'output speso

Il secondo indicatore che tratteremo è il SOPR. Rappresenta tutte le perdite e i guadagni delle monete che vengono riposizionate sulla catena. È legato al macro segmento di mercato, grazie alla sua rappresentazione della redditività e delle perdite subite, in un determinato periodo di tempo.

L'indicatore si misura misurando le monete che si sono mosse nel periodo di tempo. Può trattarsi di un'ora, di un giorno o di una settimana, solo per citarne alcuni. Si guarda in particolare al valore fiat al momento della creazione dell'UTXO e al valore dell'UTXO quando viene emesso. L'UTXO è l'output della transazione non speso.

Calcolo dell'indicatore SOPR

Il calcolo di questo indicatore è il seguente: dividere il valore realizzato dell'output in USD per il valore alla creazione dell'UTXO originale in USD. Sono possibili diversi risultati:

SOPR > 1 - il prezzo di vendita è superiore al prezzo di acquisto

SOPR < 1 - il prezzo di vendita è inferiore al prezzo di
acquisto
SOPR = 1 - le monete vengono vendute in pareggio
Il trend più elevato della SORP rappresenta i guadagni e
il ritorno in circolazione di monete illiquide.
L'andamento inferiore della SORP rappresenta le
perdite e/o la mancata emissione di monete redditizie.

Fasce di età dell'output speso
Questo indicatore SOAB è una metrica che classifica le
monete già emesse in categorie, in base all'età e alle
fasce di colore, come percentuale del numero totale di
monete movimentate.

Conoscendo le bande di età dell'output speso, è
possibile valutare se ci sono periodi in cui le transazioni
sono dominate da monete più giovani o più vecchie. Ciò
significa che è possibile capire in modo intelligente se i
movimenti del mercato sono influenzati dagli HODL'ers
o dai nuovi partecipanti al mercato delle criptovalute.

I colori più freddi prevalgono quando la maggior parte
del trading riguarda monete vecchie. Se sono attive
soprattutto le monete più giovani, si ottiene
un'immagine più calda. È possibile specificare l'analisi
attivando o disattivando le voci di legenda in Glassnode.

Calcolo SOAB
Il calcolo del SOAB avviene nel modo seguente: per
prima cosa si calcola l'età delle monete emesse in un
certo periodo di tempo, ad esempio un'ora. Poi si vedrà

come questo numero si confronta con il numero totale di monete spese, in modo da avere una percentuale a portata di mano. È possibile selezionare una serie di periodi di tempo, tra cui: <1 ora, 1-24 ore, settimane, mesi, trimestri, anni fino a >10 anni.

Che cos'è Glassnode?
Ora che sappiamo un po' di più sugli indicatori on-chain, e che ho già tirato in ballo Glassnode un paio di volte, voglio presentarvi la potenza di questa piattaforma di dati e intelligence on-chain. Questo provider vi dà accesso a tutti i dati on-chain, perché può accedere ai numeri di tutte le diverse blockchain.

La newsletter di Glassnode è completamente gratuita e vi tiene aggiornati settimanalmente sullo stato del mercato delle criptovalute con cifre utili e video interessanti. Se volete davvero fare trading sulla blockchain, è meglio un abbonamento a pagamento.

Alla fine dello scorso anno (dicembre 2021), ho scritto un ampio articolo sui servizi e i prodotti di Glassnode.

I vantaggi di questo strumento:
- Un gran numero di metriche
- Molti beni che supportano
- Dati accurati sulla catena
- Facile da applicare

Come si applica l'analisi sulla catena?

Tutti i dati sulla blockchain, ma anche sulle criptovalute, sono completamente trasparenti, il che consente di analizzare in modo approfondito la direzione in cui si muove il mercato. In questo modo è possibile capire il motivo del rialzo o del ribasso dei prezzi. Utilizzate gli strumenti in modo intelligente e non pensate che risolvano senza sforzo tutti i vostri problemi, perché ovviamente non è questo il loro scopo.

Naturalmente, si tratta anche di un quadro piuttosto logico, perché se non c'è alcun movimento nel mercato e molti indirizzi e monete sono inattivi, allora si tratta di un mercato laterale e stabile. Se, attraverso la vostra analisi, vedete aumentare il numero di indirizzi attivi e il numero di transazioni in criptovalute, allora potete aspettare e capire che sta succedendo qualcosa. C'è una domanda crescente, che spesso fa aumentare anche i prezzi.

Fonti alternative per l'analisi delle criptovalute? Oltre a Glassnode, è possibile seguire le notizie, ad esempio tramite Twitter.

Questi sono alcuni account che hanno molto da dire su grafici, metriche sulla catena e altre questioni analitiche:

- @100trillionUSD - "Tutti i modelli sono sbagliati, ma alcuni sono utili".
- @woonomic - "Analista #Bitcoin"

- @chartsBtc - "Un bitcoiner con un foglio di calcolo".
- @CaitlinLong_ - "Fondatore/CEO @Custodiabank. Veterano di Wall St da 22 anni".
- @pierre_rochard - "Prodotto @KrakenFX, consulente @RiotBlockchain".
- @Rhythmtrader - "#Bitcoin"
- @finhamsterdam - "Esperto di regolamentazione/compliance in materia di pagamenti e denaro digitale".

Sebbene l'analisi della catena fornisca molte informazioni preziose, permettendovi di prendere decisioni migliori sulla vostra capacità di trading, non è la soluzione per ottenere grandi profitti. Avrete bisogno di conoscenze, esperienza e buon senso per giungere a un giudizio affidabile.

Con questo tipo di analisi otterrete una visione del movimento del mercato e saprete perché i prezzi salgono e scendono. Si tratta di informazioni preziose, perché possono essere utilizzate per decidere se acquistare o vendere monete digitali.

Derivati

Gli investitori hanno spesso un portafoglio diversificato, che si presenta in forme e dimensioni diverse. I derivati sono strumenti di investimento che seguono un'attività sottostante. È possibile stipulare un contratto incentrato sulle materie prime, su una particolare valuta o su un indice.

In questo capitolo vi illustrerò la definizione di derivati, come fare trading e quali sono i rischi. Una volta comprese le nozioni di base, ci immergeremo anche nei derivati delle criptovalute, perché è per questo che siete venuti qui. Giusto?

Cosa sono i derivati?
Non ci si può stupire di quanto spesso le persone cerchino su Google il significato esatto di derivato. In effetti, letteralmente, derivato non significa nient'altro che derivato, ma ovviamente questo non dice nulla, quindi approfondiamo la questione.

Le opzioni, i futures e gli swap sono tutti strumenti di investimento, che chiamiamo anche derivati. Questi derivati seguono un'attività sottostante, come le materie prime, le azioni o le valute. Se i prezzi del valore rilevante aumentano, aumentano anche i prezzi del derivato e viceversa.

I derivati sono concepiti per ridurre il rischio per l'acquirente, perché acquistando un derivato si ha il diritto di comprare o vendere qualcosa a un determinato prezzo.

La storia dei derivati
Le origini di questi strumenti di investimento risalgono al XVI secolo, quando gli agricoltori volevano coprire i rischi dei loro prodotti agricoli. Nel Medioevo esisteva un famosissimo mercato dei derivati: la borsa dei tulipani di Amsterdam.

Un coltivatore di tulipani voleva avere la certezza della vendita dei suoi bulbi, in modo che i cattivi raccolti o il calo dei prezzi non lo facessero soffrire. Per questo motivo stipulò un accordo con un commerciante, nel quale fu concordato un prezzo. Naturalmente si trattava di un rischio per entrambe le parti, perché il prezzo era più basso di quello che il coltivatore poteva chiedere in caso di buon raccolto, ma più alto di quello che avrebbe ottenuto in caso di fallimento del raccolto.

Questa fissazione del prezzo è chiamata derivato, poiché l'attività sottostante era una coltura di tulipani. L'agricoltore ha abilmente ridotto il suo rischio facendo un affare allettante.

La grande mania dei tulipani
Secondo wikipedia, nell'autunno del 1636 si consumò un grande dramma in una delle case mercantili più ricche di Amsterdam. I passanti videro il personale del ricco signore correre avanti e indietro, mettendo tutto sottosopra. Stavano cercando un bulbo di tulipano.

Forse starete pensando: un bulbo di tulipano? Perché tutto questo dramma per un fiore, ma questo bulbo aveva un valore di 3000 fiorini. Ciò equivale a più di 600.000 euro nella società di oggi, quindi potete immaginare che miseria deve essere stata.

Il tulipano divenne uno status symbol e un oggetto di speculazione.

Gli investitori esperti hanno sfruttato in modo intelligente le fluttuazioni dei prezzi, perché speculando si può rendere un contratto molto più redditizio. La frenesia dei tulipani nella Repubblica olandese ne è un esempio da manuale!

Come funzionano i derivati?
I derivati possono offrire grandi profitti, ma anche sprofondare in rosso.

Come è possibile?
A causa dell'effetto leva. Supponiamo di aver concluso un accordo per un certo prezzo, perché ci si aspetta che questo prezzo aumenti. Se poi i prezzi non aumentano, ma diminuiscono. Allora vi siete procurati del dolore, perché è quello che sentite sui giornali.

Come si può investire in strumenti derivati?
I derivati possono essere negoziati in vari modi, ovvero in borsa o reciprocamente. Questa negoziazione

reciproca, al di fuori della borsa, è chiamata anche OTC: over the counter.

Grazie ai contratti standardizzati, il trading è facile e la liquidità è elevata, il che è interessante per l'investitore.

Ritengo sia utile passare prima in rassegna i diversi tipi di derivati, in modo da sapere a cosa prestare attenzione. Nel nostro sistema finanziario, i derivati sono diventati indispensabili nel mercato azionario, quindi fate attenzione!

Diversi tipi di derivati

I derivati sono disponibili in tutte le forme e dimensioni, ma non sono certo adatti ai principianti del mercato degli investimenti.

Ci sono turbo, speeder, booster e sprinter, ma anche opzioni call e put, opzioni binarie, CFD, warrant e molto altro.

In questo capitolo tratteremo solo i tipi di derivati più noti, ossia:

- Opzioni
- CFD
- Futures
- Scambi
- Opzioni

L'opzione è un prodotto finanziario. L'acquirente di questo prodotto ha il diritto di acquistare o vendere un'attività sottostante a un prezzo prestabilito. È una storia simile a quella del coltivatore di tulipani di Amsterdam, descritta in precedenza.

Quando si acquista un derivato di questo tipo, viene immediatamente fissata una data di scadenza, una sorta di deadline. L'attività sottostante può essere un'azione, una merce o un determinato indice e il valore dell'opzione si basa quindi sul prezzo di tale attività sottostante.

CFD

L'investimento in CFD sta diventando sempre più popolare. CFD è l'acronimo di Contract For Difference (contratto per differenza). Il contratto viene stipulato tra il broker e l'investitore e, a differenza di altre opzioni, non dà diritto a possedere l'attività sottostante. Se il prezzo sale, si ha diritto a una distribuzione dei profitti, mentre se il prezzo scende, si è obbligati a pagare.

Con i CFD si specula sul rialzo o sul ribasso dei prezzi attraverso una leva.

Futures

Un future è un contratto a termine in cui acquirente e venditore stipulano un accordo. Questo accordo prevede un momento e un prezzo in cui il prodotto finanziario sottostante viene trasferito. Si tratta quindi di un impegno serio che non si dovrebbe assumere senza conoscenza ed esperienza.

Si acquistano futures per le materie prime, come l'oro, l'argento e il petrolio. Potete anche investire il vostro denaro in titoli di Stato e indici azionari, dipende solo da ciò che ritenete utile.

Scambi

Gli swap sono prodotti finanziari in cui due parti si scambiano qualcosa. Potreste pensare: "Eh? Sono forse tornati i flippos del passato, ma no, stiamo parlando dello scambio di pagamenti di interessi.

Un derivato viene utilizzato per coprire il rischio di tasso d'interesse o per assumere una posizione particolare. Il valore dipende dal tasso di interesse durante lo swap, quindi si può immaginare che si tratti di un investimento molto sensibile al tempo.

Derivati di criptovaluta

Dopo questa lunghissima introduzione, in cui vi ho sommerso di nozioni, ora vi parlerò un po' dei derivati sulle criptovalute. Vi ho già detto che i derivati seguono un'attività sottostante, come una merce o una valuta. Questa valuta non deve essere necessariamente il dollaro USA, ma può anche essere una criptovaluta.

Il mercato delle criptovalute cresce ogni giorno a passi da gigante, attirando anche l'attenzione degli investitori in derivati. I derivati sulle cripto aprono un nuovo mondo agli investitori, grazie alla loro flessibilità e facilità di trading.

È possibile acquistare questi derivati sia in borsa che fuori borsa (OTC). Il primo derivato su cripto è stato lanciato nel 2012 sul forum Bitcoin. L'iniziatore era un broker di nome Satoshi Option, ma la cosa si è conclusa con un sibilo.

Successivamente, nel 2017 sono stati lanciati diversi prodotti che si sono rivelati sostenibili. LedgerX è stato il primo a negoziare con successo i derivati del Bitcoin. Nella prima settimana hanno scambiato oltre 1 milione di dollari.

Derivati DeFi
Già che siamo sulla scena digitale, parliamo anche dei derivati nel mondo della DeFi. DeFi è l'acronimo di Finanza Decentrata, che a mio avviso rappresenta il futuro del nostro sistema finanziario.

Gli appassionati sono convinti che questi derivati della DeFi abbiano ancora più vantaggi di qualsiasi altra forma di investimento. Vengono in mente i migliori contratti intelligenti, ma cos'altro hanno di speciale questi strumenti di investimento nel mondo della DeFi?

Rischi della negoziazione di derivati.
Forse in questo momento state aprendo il portafoglio
per investire in strumenti derivati, ma siete consapevoli
dei rischi? Dopo tutto, non è tutto rose e fiori! Ecco i
rischi maggiori di cui voi, come investitori, dovreste
essere consapevoli:

Grazie alla leva finanziaria, si possono notare enormi
differenze nel capitale investito. Una piccola
fluttuazione del prezzo può avere un grande impatto sul
vostro patrimonio grazie alla leva finanziaria.

In particolare nel panorama delle criptovalute, questo è
ovviamente da tenere d'occhio, a causa della volatilità.
In molti casi, le perdite possono essere illimitate, il che
può lasciarvi profondamente indebitati;

Il valore dei derivati si basa su ciò che fa il mercato. Di
conseguenza, i contratti seguono il prezzo, ma sono
vuoti di contenuto. Se il mercato crolla, come accade di
tanto in tanto, le posizioni in derivati crollano a
dismisura. Se volete saperne di più sui cicli economici, vi
consiglio vivamente i libri e i contenuti di Ray Dalio.
Molto istruttivi!
I derivati sono prodotti finanziari estremamente
complessi, quindi, in quanto principianti, assicuratevi di
non buttarvi alla cieca. Informatevi bene,
documentatevi e fate trading solo quando avete
acquisito le conoscenze necessarie!
Costi elevati per la negoziazione di strumenti derivati.
Se si investe in un'azione tramite DEGIRO o si

acquistano monete digitali tramite Bitvavo, i costi sono spesso nulli. Con i derivati la situazione è diversa. A seconda del tipo di derivati stipulati, i costi possono essere piuttosto elevati.

Come avete potuto leggere in questo capitolo, investire in strumenti derivati è una questione complessa. Ci sono diversi rischi che non si possono e non si vogliono dare per scontati. Esistono vari tipi di derivati, che si possono acquistare in due modi diversi. Vi ho illustrato lo sviluppo di questi strumenti di investimento fino ai giorni nostri, in modo che possiate avere una buona visione degli sviluppi del settore finanziario.

Oltre ai derivati standard, esistono anche derivati piuttosto nuovi, ovvero i contratti crypto e DeFi. Questi ultimi sono leggermente diversi tra loro, ma comportano lo stesso rischio. Naturalmente gli investimenti sono sempre rischiosi, ma i derivati sono davvero per gli investitori seri ed esperti.

Il vostro libro gratuito

Se volete iniziare in modo redditizio nel mondo delle criptovalute, assicuratevi di scaricare il nostro bonus gratuito con **12 consigli estremamente preziosi per i principianti!**

Con questo libro e questi consigli, avrete la garanzia di un ottimo inizio per i vostri investimenti futuri!

Iscriviti qui per ottenere l'accesso immediato e dare il via al tuo successo in criptovaluta:

https://campsite.bio/stellarmoonpublishing

criptovalute

Siete alla ricerca di un nuovo modo di investire?

Volete fare un po' di soldi?

Siete interessati a investire ma non sapete da dove cominciare?

Volete iniziare il vostro trading di criptovalute con le conoscenze di rinomati esperti di finanza e investimenti?

Il Corso di Expert Trading sulle criptovalute è il corso più completo sul trading e l'investimento con le criptovalute. Imparerete a fare trading in pochi minuti al giorno. Vi insegniamo tutto, dall'analisi tecnica alla gestione del rischio e molto altro ancora.

Il nostro obiettivo è aiutarvi a diventare un trader di successo, in modo che il vostro futuro finanziario sia sicuro.

Investire non è mai stato così facile con il nostro programma passo-passo che insegna ai principianti come fare trading come un esperto, con il potenziale di ottenere enormi profitti!

La parte migliore di questo corso è che è tenuto da esperti. Quindi, cosa state aspettando? Iniziate oggi stesso!

Per ulteriori informazioni, visitate questo link:

https://payhip.com/b/ork8N